관상궁합

관상궁합

1판 1쇄 발행 2017년 3월 10일
1판 2쇄 발행 2019년 8월 15일

지은이 안준범
펴낸이 이윤규

펴낸곳 유아이북스
출판등록 2012년 4월 2일
주소 서울시 용산구 효창원로 64길 6
전화 (02) 704-2521
팩스 (02) 715-3536
이메일 uibooks@uibooks.co.kr

ISBN 978-89-98156-68-8 03180
값 14,000원

• 이 도서의 국립중앙도서관 출판예정도서목록(CIP)은 서지정보유통지원시스템 홈페이지
  (http://seoji.nl.go.kr)와 국가자료공동목록시스템(http://www.nl.go.kr/kolisnet)에서
  이용하실 수 있습니다.(CIP제어번호: CIP2017002773)

얼굴로 읽는 궁합의 세계

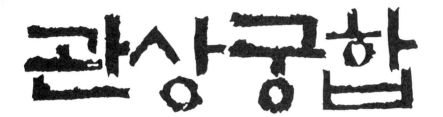

관상궁합

안준범 지음

유아이북스

4년의 기다림

　오래전에 내가 관상과 역술에 입문하였을 때만 해도 관상에 대한 관심은 크지 않았다. 그러나 지금은 영화와 만화책 등의 문화 상품들로 인하여 대중에게 재미있는 이야깃거리가 되었다. 그래서 난 각별한 수제자에게만 전해져 내려오던 관상의 비법을 이제 세상에 내놓을 때도 되었다고 생각했다. 그것이 이 책을 집필하게 된 계기이다.

　당시 내가 공부하던 시기에 스승들은 관상에 대해서만큼은 굉장히 보수적이었다. 사주나 팔자는 상대의 정보를 묻고 알아야만 볼 수 있는 술법이었지만 관상은 보면 즉시 알 수 있는 술법이라 이러한 지식이 혹여 악용될까 우려했고, 그리하여 전해져 내려오는 책 내용 중엔 일부러 내용을 바꾸고 거꾸로 써넣는 경우도 있었다.

　이 책을 집필하기까지 참 오랜 시간이 걸렸다. 영화 〈관상〉이 나오기 전 2012년 무렵부터 출판사와 책 이야기를 했으니 횟수로만 4년은 족히 된 것 같다.

　내용은 스스로 터득한 경험과 고서로 전해져 내려온 지식 그리고 내가 체험한 사례와 역술적 상식 등으로 최대한 딱딱하지 않고 재미있게 그러나 알차게 엮어내고자 노력하였다.

가장 어려웠던 점은 예제 즉 그림 부분인데 탈고 후에도 여러 차례 재작업한 가장 어렵고 난감한 작업이었다. 특히 고서의 내용과 나의 지식을 그림으로 제대로 표현해 내기가 무척 어려웠다. 최선의 노력을 하였지만 그럼에도 불구하고 책에서 이해하기 어려운 부분은 유튜브 YouTube에 채널을 만들어 동영상 강의를 통해 보완해 나갈 생각이니 책의 그림에 부족한 점이 많이 있다 하더라도 많은 이해를 바란다.

그 외에도 어려운 부분이 많았지만 함께 작업해 준 많은 분들의 도움으로 무사히 출간할 수 있었다. 끝까지 믿고 오랜 시간 기다려 준 출판사 관계자, 그리고 사례에 대해 법률적 조언과 책에 대한 많은 조언을 아낌없이 이야기해 준 임방글 변호사, 제법 긴 시간 첫 책의 집필 스트레스를 고이 받아 준 사랑하는 가족과 고마운 지인들에게 마지막으로 감사하다는 말을 남긴다.

차
례

觀相宮合

1장

얼굴을 읽으면
미래를 읽는다

나는 어떻게
방송에서 배우자를 맞췄나

어느 날 MBN 천기누설 '관상궁합 미스터리' 편 제작진에게서 연락이 왔다. 주제는 2012년 10월 25일 방송되었다시피 세 여성의 얼굴 사진만 보고 각각 그들의 남편을 그려 보는 것이었다. 남편 얼굴을 그려 줄 수 있냐는 제작진의 말에 남녀 간 궁합의 중요성을 알릴 수 있는 좋은 기회가 될 것 같아 흔쾌히 승낙했다.

제작진은 사전에 그 어떤 정보도 알려 주지 않았다. 약속한 시간에 불쑥 사진 몇 장만 보여 주고 배우자 얼굴을 그려 보라는 요청뿐이었다. 그들이 잘 지내는 부부인지 아닌지, 궁합이 좋은지 아닌지 여부조차 알려 주지 않은 것이다. 어떻게 보면 힌트가 없으니 오히려 마음이 편했는지도 모르겠다. 틀려도 좋다는 생각으로 과감하게 나 나름의 답안을 작성할 수 있었다. 제작진은 단순히 배우자의 얼굴을 그려 달라는 미션을 주었지만, 나는 사진 속 주인공들 관상에 딱 들어맞는 이상적인 얼굴 모습에만 집중했다. 다행히 전략이 통했다.

처음 보여 준 여성의 사진을 보고 그림을 어느 정도 완성하자 이미 주위는 놀란 눈치였다. 배우자의 실제 사진과 그림을 비교해 보니 너무도 비슷했기 때문이었다. 사진을 보니 그림에서처럼 눈이 크고 코가 굉장히 오똑했으며 얼굴에 살이 많지 않았다. 두 번째 여성의 경우에도 들어맞았다. 실제 배우자가 동그란 얼굴에 쌍꺼풀이 없으며, 통통한 체형을 가졌는데 정확하게 맞춘 것이다. 아쉽게도 나머지 한 명은 정확하게 맞추었다고 볼 수 없었다. 보는 관점에 따라 사진과 달라 보이는 그림이 나왔는데, 나중에야 그 이유를 알 수 있었다. 앞의 두 사람은 이상적인 배우자 얼굴을 그리고자 한 내 전략에 들어맞는 사람들이었다. 실제로 궁합이 굉장히 좋았던 것이다. 하지만 마지막 여성의 경우 남편과 사이가 그리 좋지 않았다고 한다.

그렇다면 내가 어떻게 그들의 궁합에 맞는 배우자 얼굴을 그릴 수 있었을까?

역술의 가장 기본이 되는 이치는 음양론陰陽論이다. 음陰과 양陽은 반대 개념이다. 튀어나옴이 있으면 들어감이 있고, 작은 것이 있으면 큰 것이 있고, 앞이 있으면 뒤가 있다. 이처럼 음양은 반대의 개념이자 대척의 개념이다.

사람의 삶을 가만히 들여다보면 반대의 개념이 인간관계에 작용하는 경우가 많다. 그렇다면 얼굴에서 반대의 개념은 어떠한가? 음양론에 입각해서 해석한 궁합법은 이렇다. 나의 눈이 크다면 배우자는 눈이 작아야 하고, 내가 입이 작은 편이라면 배우자의 입은 커야 한다.

얼굴형 또한 마찬가지다. 내 얼굴이 삼각형이라면 배우자의 얼굴을 네모나거나 동그래야 한다.

나는 이처럼 음양론을 통해 해당 여성의 얼굴을 본 뒤, 배우자의 눈, 코, 입을 반대로 보았다. 여기에 오행론五行論을 적용하여 상생상극을 보았다. 그렇게 그리고 나니 그림과 실제 얼굴이 굉장히 닮아 있었다.

오행론은 음양론 다음으로 궁합에서 중요한 개념이다. 오행五行이란 목木, 화火, 토土, 금金, 수水를 말하며, 오행의 상생상극相生相剋이란 오행론 개념에 입각한 추론 방법이다. 오행은 물질로도 설명이 가능하지만, 물질보다는 운동법칙으로 보는 것이 정확하다.

먼저, 목木은 나무를 상징한다. 나무는 아주 작은 묘목으로 시작해 점점 자란다. 또한 수직으로 뻗어서 성장하는 특성이 있다. 때문에 목의 기운을 타고난 사람들은 유연함이 부족하고, 매사에 직선적으로 생각하고 행동한다.

화火는 불을 상징한다. 불은 일정한 형태를 갖추지 않고 시시각각 모양이 바뀌며 뜨겁다. 이러한 성향을 가진 사람은 다혈질에 감정이 시시각각 변하는 편이다.

다음은 토土이다. 토는 땅을 상징한다. 땅은 움직이지 않고 굳건하다. 토의 기운을 가진 사람 역시 얼굴에 감정이 잘 티 나지 않고, 한번 결정한 것은 번복하지 않는다.

금金은 쇠를 상징한다. 쇠는 아주 단단하고 강하다. 사람을 해치는 무기가 될 수도 있고, 사람을 보호하는 도구가 될 수도 있다. 이러한 성향을 가진 사람은 정의감이 강하고, 결단력이 있으며 성격이 단단하다. 주로 행동파인 경우가 많다.

마지막으로 수水는 물을 상징한다. 물은 위에서 아래로 흐르는 성향이 있으며, 어떤 형태로든 변할 수 있다. 이러한 성향을 가진 사람은 남들의 비위를 잘 맞추며, 지혜로운 편이다.

이 5가지는 먼저 상생하는 관계에 있다. 상생이란 다른 것에게 에너지를 공급해 주는 것을 말한다. 나무는 불의 연료가 됨으로써, 불이 활활 타오르게 한다. 불은 다 타고 나면 재가 된다. 재는 흙의 양분이 되어 땅에서 곡식이 잘 자라도록 돕는다. 광물은 흙 속에서 난다. 즉, 쇠에 필요한 물질들은 모두 흙에서 나온 것이다. 반면에 쇠는 온도에 차이가 나면 물이 맺힌다. 물은 나무에게 영양분을 공급해 준다. 이것이 상생의 개념이다.

한편, 상극 즉 서로 맞지 않아 충돌하기도 한다. 예를 들어, 나무는 땅에 뿌리를 박고 선다. 땅의 입장에서는 아프다. 불은 쇠를 녹이는 기운을 가지고 있다. 쇠의 입장에서는 불이 두렵다. 한편, 불은 물을 두려워한다. 흙은 물을 흡수하거나 막는 역할을 한다. 그래서 물도 흙 앞에서는 힘을 제대로 쓰지 못한다. 마지막으로 나무는 쇠 앞에서 맥을 못 춘다.

이제 이러한 오행의 개념을 얼굴 모양에 적용해 보자.

목木이 상징하는 모양은 길쭉함이다. 주로 얼굴이나 손가락 등이 길쭉한 사람이 이에 해당된다. 농구선수 한기범 씨 등이 대표적이라고 할 수 있다.

화火는 뾰족함을 상징한다. 화에 해당되는 사람들은 이마나 턱이 뾰족한 경우가 많다. 연예인 중에서 생각해 보면 싸이 씨 경우 턱은 넓지만 이마가 뾰족하다.

그렇다면 단단한 땅은 어떤 모양을 상징할까? 바로 네모이다. 토土는 얼굴이 대체로 넙적하고 얼굴에서 풍기는 이미지가 묵직한 편이다. 예로 배우 정호근 씨와 개그맨 김병만 씨가 있다.

금金을 상징하는 모양은 각이다. 금의 얼굴은 좌우대칭이 잘 맞으며 피부는 얇고 하얀 편이다. 또한 근육이 많고, 뼈가 발달되어 있다. 배우 이훈 씨가 여기에 해당된다.

마지막으로 수水는 동그라미를 상징한다. 피부가 하얗고, 얼굴과 몸에 살이 많다. 개그우먼 김신영 씨와 개그맨 조세호 씨를 떠올려 보면 된다.

이렇게 오행은 상생과 상극의 과정을 순환하며 자연계의 현상을 만든다. 흔히 얼굴과 신체의 오행이 일치하면 '진체眞體'를 이루었다고 말한다. 진체는 모양을 제대로 갖추었다는 의미다. 얼굴과 신체는 오행의 상생일 때 완벽한 상태를 이룬다.

앞서 다시 방송 때 이야기를 하자면, 내가 배우자의 얼굴을 과감히 맞추었던 배경에는 그들의 궁합이 좋았다는 전제가 있었다. 놀려 말하면 그들은 오행으로 상생하는 관계였다. 결과적으로 나는 오행의 개념과 원리로 배우자의 얼굴을 맞출 수 있었던 것이다.

　여러분도 한번 연인이나 배우자의 얼굴을 살펴보기를 바란다. 물론 재미 삼아서다. 설사 내가 지금까지 이야기한 법칙에 딱 맞지 않는다 해도 궁합이 나쁘다고 단정 지을 수는 없다. 그 이유는 앞으로 차차 설명하겠다.

궁합과 관상이 만나다

　궁합은 사주팔자四柱八字에서 나온 말이다. 사주팔자는 생시, 생일, 생월, 생년 등을 따져 이뤄진 4개의 기둥과 8개의 글자를 뜻한다. 즉, 1개의 기둥마다 위에 1자, 아래에 1자씩 이루어진 것이다. 각 기둥은 부모 자리, 조상 자리, 배우자 자리, 자식 자리를 상징한다.

　이 중에 배우자 자리에서 합合을 논하는 게 궁합이다. 합은 말 그대로 합한다는 뜻이다. 남녀의 배우자 자리는 서로 합이 된 글자로 형성되어 있는 경우가 있다. 과거부터 이러한 경우를 좋은 궁합으로 봤다. 그러나 이것은 통상적 개념에 불과하다. 실제로 궁합을 볼 때는 배우자 자리의 합만 보는 게 아니다. 다양한 방법을 통해서 궁합의 좋고 나쁨을 판단한다.

　일반적으로 궁합은 오로지 사주를 통해 보아야 하는 것으로 여긴다. 그러나 나는 관상만으로 궁합을 판단할 수 있다고 본다. 관상으로 궁합을 본다는 것은 아무나 활용하지 못한 방법이다.

오히려 사주풀이에서는 모호한 부분이 관상으로 풀리는 경우도 많다. 10년 넘게 약 10만 명의 사람을 연구해 얻은 경험과 이론 공부를 통해 내린 결론이다. 이렇게 탄생한 게 '관상궁합'이다. 나는 음양론과 오행론의 상생상극을 토대로, 사주팔자에 관상을 더한 관상궁합이라는 개념을 만들어 냈다.

궁합을 볼 때는 필히 관상을 보아야 한다.

단순히 사주팔자로만 궁합을 보면 정확하지 않을 수 있다. 예를 들면 원진살元嗔煞의 경우를 보자. 원진살은 서로 배신하고 원망하며 관계가 끝나는 살煞을 말한다. 이런 살이 있는 사람은 상대에게 큰 배신을 할 일이 있다고 본다. 때문에 궁합에서는 굉장히 좋지 않은 살이다. 하지만 내가 만나 본 사람들 가운데 원진살의 작용을 받지 않았던 부부도 있었다. 왜 그럴까? 인간은 꼭 사주대로 살란 법이 없기 때문이다. 살이라는 것은 개인의 성품 차이에서 비롯된다. 아무리 좋지 않은 살이 있다 한들 부모와 살아온 환경에 의해 인성은 충분히 바뀔 수 있다. 때문에 사주의 원진살에도 불구하고 서로 배려하고 아끼는 마음이 더 커서 좋은 궁합이 되었던 것이다. 바로 이런 점을 확인하기 위해서라도 관상을 보아야 한다. 사주라는 것은 태어날 때 주어지지만 환경이나 의지에 따라 실제의 삶은 달라진다. 그 변화 과정과 결과가 얼굴에 드러나게 되어 있다.

그렇다면 관상궁합은 연인 사이에서만 통할까? 그렇지 않다. 예전에 한 대기업에서 관상에 관한 강연을 요청해 온 적이 있었다. 어떤 사람을 뽑아야 회사에 더 좋을지 참고하기 위해서라고 했다. 비슷한 능력과 인품을 가졌다면, 호감을 주거나 끌리는 관상을 가진 사람에게 기회가 돌아간다. 일반적으로 사람들은 음양론에 있어 반대에 해당하는 관상에 호감을 느낀다. 직장인이라면 매일 상사나 동료와 영향을 주고받는다. 회사 생활을 할 때 더 친하게 느껴지거나 끌리는 사람이 있기 마련인데 이때도 그렇다. 이처럼 인간관계의 모든 것은 다 궁합의 범주에 들어간다.

나 또한 관상에서의 궁합이 지니는 중요성에 대해 실감한 적이 있다. 내 취미는 바이크를 타는 것이다. 사람들과 종종 바이크 투어를 다니기도 했다. 2013년 11월에도 그랬다. 겨울이 오기 전에 마지막으로 동호회 사람들과 함께 강원도를 다녀올 계획이었다. 그런데 날짜가 다가오자 신청자들이 하나둘 약속을 취소했다. 당일이 되니 참석자는 주최자와 나 둘뿐이었다. 주최자는 처음 만나는 사람이었다. 서로 헬멧을 쓰고 있어서 얼굴조차 보지 못했다. 어색함도 잠시, 당일치기로 강원도를 도는 일정을 소화하기 위해 짧은 인사만 나눈 뒤 우리는 출발했다. 날씨는 추웠지만 바이크를 타고 달리는 기분은 역시 즐거웠다. 한강을 따라서 위로 한참을 달렸다. 그러다 팔당대교를 지날 때쯤, 추워서 감각이 없어지고 정신이 몽롱해졌다. 몸도 녹일 겸 영화마을에서 휴식을 취하기로 했다. 따뜻한 커피를 마시며, 그때서야 서로 얼굴을 보고 통성명을 했다.

그 사람은 종교인의 관상을 갖고 있었다. 눈이 맑으며 흑백이 분명하고 굉장히 번쩍였다. 보통 종교인이나 수련하는 사람의 눈이었다. 마음의 수행을 통해 수양이 높거나 신념이 강해 보이는 얼굴이었다. 역시나 그 사람은 미군에 소속된 목사라고 자신을 소개했다. 통념상 상대가 혹시 불편해할까 싶어 나는 관상을 본다고 차마 이야기하지 못하고 조그만 가게를 한다고만 밝혔다.

짧은 휴식 후 바이크를 타고 다시 출발했다. 양평, 강원도를 거쳐 저녁 무렵 서울로 돌아오던 중이었다. 우리는 예정에 없던 저녁 식사를 함께하게 됐다. 그때 그 사람이 또 내가 하는 일에 대해 더욱 자세히 물어 왔다. 무슨 업종인지, 직원은 몇 명인지 등 질문을 하는데, 더 이상 얼버무리는 건 예의가 아닌 것 같았다. 결국 나는 관상 보는 사람임을 밝혔다. 30초 정도 정적이 흘렀다. 그 사람은 어색한 정적을 깨려는 듯 "제 관상은 어때요?"라고 물었다. 이에 나는 편안한 마음으로 대답해 주었다.

"신체와 얼굴의 골격은 군인의 상인데, 눈은 종교인의 모습이라 하는 일과 맞는 좋은 상이네요. 앞으로도 변함없이 그 일을 하며 마무리까지 지을 것으로 생각됩니다."

그 뒤 서로 이야기를 털어놓으며, 바이크 타는 목사와 점쟁이는 친구가 되었다. 그 목사와 나는 얼굴을 비교해 봤을 때 합이 잘 맞았기에 관상궁합이 좋았다.

이처럼 인간관계와 관상궁합은 밀접한 연관이 있다.

많은 사람이 인간관계를 맺기도 하고 서로 헤어지기도 하며 인생을 살아간다. 인간관계를 맺으려 할 때 먼저 접하는 것은 상대방의 얼굴이다. 얼굴로 인해 좋은 인연이 되기도 하고, 악연으로 얽히기도 한다. 관상궁합은 단순히 인간관계를 넓히기 위한 것이 아니다. 악연을 피해 원만한 인간관계를 도모하는 데 그 목적이 있다.

사주단자의 비밀

　나는 관상을 전문으로 하지만, 사주팔자도 함께 본다. 사주팔자를 봐 온 사람으로서 느낀 점은 사람이 사는 데 있어 사주팔자를 무시할 수 없다는 것이다. 관상으로만 길흉을 본다면 생활 습관이나 마음먹기에 따라 운명은 얼마든지 변할 수 있다. 그러나 사주팔자는 다르다. 태어나는 순간 생년월일시가 정해지기 때문에 어떤 것으로든 바꿀 수 없다. 이것이 관상과 사주팔자가 다른 점이다.

　예전에는 사주팔자를 볼 때 만세력萬歲曆이라는 도구가 필요했다. 만세력에는 1년이 육십갑자六十甲子로 표기되어 있다. 육십갑자는 십간十干으로 갑甲, 을乙, 병丙, 정丁, 무戊, 기己, 경庚, 신辛, 임壬, 계癸 10 글자와 자子, 축丑, 인寅, 묘卯, 진辰, 사巳, 오午, 미未, 신申, 유酉, 술戌, 해亥의 십이지十二支 12자가 각각 2자씩 조합을 이루는 경우의 수이다. 글자의 결합은 특별한 법칙을 따른다. 처음에 십간의 첫째인 갑甲과 십이지의 첫째인 자子를 붙여서 갑자甲子를 만들면, 다음에는 그 둘째인을乙과 축丑을 결합한다. 이와 같이 순서에 따라 하나씩 간지를 구해 나가면 총 60개의 결합이 나오게 된다. 결과적으로 10개의 간에 각각 6개의 지가 배당된다. 이런 육십갑자를 생生, 년年, 월月, 일日, 시時로 적용하여 만든 8개짜리 글자가 바로 사주팔자이다. 사주팔자는 조합이 다양한 만큼 배우는 데 시간이 걸리는 편인데, 적어도 약 3년 정도는 필요한 것 같다.

예전에는 스승에게 사사하는 방식으로 사주팔자를 배웠으나(나도 물론 그랬다), 지금은 대학에 관련 학과도 생기고 대학원 과정이나 평생교육원에서 이를 공부할 수도 있다. 학원에서의 교육과정도 많이 발달해 가고 있다.

많은 사람들이 내게 사주 공부를 어떻게 하면 좋을지 의견을 물어온다. 그 답으로 개인적인 생각을 한번 정리해 밝혀 본다.

첫째, 만세력으로부터 사주팔자를 뽑는 연습을 많이 해야 한다.

둘째, 본격적인 사주 공부에 앞서 오행을 분석하는 연습부터 제대로 해야 한다. 그래야 사주팔자에 어떤 오행이 많은지 적은지 혹은 없는지를 따져 볼 수 있다. 십간십이지十干十二支 역시 철저히 익혀야 한다. 이것은 육십갑자의 기본인데 각 글자가 의미하는 바부터 공부해야 한다.

셋째, 육친六親을 익혀야 한다. 육친은 사주팔자에서 가족 관계를 보는 방법인데, 육친의 구조와 원리를 이해해야만 맥을 짚을 수 있다. 이와 함께 십신十神도 알아야 한다. 여기에서부터 아주 중요하다. 십신은 재능과 성격과 적성, 길흉을 판단하는 중요한 10가지를 의미한다.

넷째, 격국格局을 알아야 한다. 격국은 사람의 그릇을 의미하는데, 그 사람의 가장 강한 기운을 아는 데 중요하다. 십이운성十二運星도 공부할 필요가 있다. 십이운성은 강약, 힘의 세기를 판단하는 데 있어 중요하다. 신살神殺(사주판단법 중 하나)도 알아야 한다. 신살에는 십이신살十二神煞이라는 도화살桃花煞, 역마살驛馬煞 같은 각종 살煞이 있다. 이 살들은 사건 사고를 판단하는 데 있어서 중요하다.

다섯째, 대운과 세운을 보아야 한다. 사주에는 10년씩 주관하는 큰 주가 있는데 이를 대운大運이라고 한다. 대운을 판단할 줄 알아야 세운도 보인다. 세운歲運은 한 해를 상징하는 운이다. 그해의 좋고 나쁨을 판단하는 데 있어서 중요하다.

마지막으로, 고서를 많이 읽어 보아야 한다. 추천하는 고서로는《자평진전子平眞詮》,《적천수滴天髓》,《난강망欄江網》,《명리정종命理正宗》,《명리신탐命理新探》등이 있다.

어느 정도 이론 공부가 됐으면 무엇보다 중요한 것은 풍부한 경험이다. 지식을 배우는 데 그치지 말고 공부를 바탕으로 다양한 실전 경험을 쌓아야 한다. 최소한 몇천 명의 사주를 보아야 한다. 얼굴은 보지 않고 사주만으로 최소한 직업은 맞추어야 기본은 하는 것이다. 자신감이 붙을 때까지 꾸준히 연습하다 보면 자신도 모르게 실력이 늘 것이다.

그동안 많은 사람의 사주를 보면서 느낀 점이 있었다. 가족을 이루고 사는 사람들 사주에서는 상당한 유사성이 발견된다는 점이다. 마치 부모가 지은 업이 자식의 사주팔자를 결정짓는 것 같다. 자식이 그해, 그날, 그 시간에 태어나는 것은 분명 나름의 이유가 있다고 생각한다. 한편으로는 자식이 잘 안 풀린다면 어쩌면 자기가 만들어 간 업에 대한 결과가 아닐까. 우리는 '훌륭한 부모에게 훌륭한 자식이 나온다'라는 것에 일정 부분 동의한다. 여기서 훌륭한 자식은 직업이 좋은 사람이 아닌 인품이 훌륭한 사람을 의미하는 것이다. 꼭 사주로 풀지 않더라도 아이가 부모의 사소한 습관도 모방한다는 사실을 볼 때 자연스러운 일이라고 할 수 있다.

한편, 가족도 아닌데 남녀의 사주에 공통분모가 발견된다면 예삿일이 아니다.

전생의 인연이 아니고서는 연결될 수 없는 궁합의 구조가 있다. 주로 같은 글자, 즉 육십갑자 중 상당 부분이 같은 글자로 이루어진 경우다. 우연히 한두 글자가 같은 것이 아니라 위아래에 같은 글자가 함께 있을 확률은 상당히 낮다. 그런데 상담을 하다 보면 이런 사람들은 분명히 있다. 우리가 살아가는 동안 자신도 모르게 이런 이들과 마주친다. 그 가운데 연인으로 만나는 것은 아주 특별한 경우라고 생각한다.

사주단자를 이야기하면 단골로 나오는 질문이 있다.

"사주단자에는 정말 내 운명이 상세히 담겨 있나요? 과연 그런 비밀이 다 담겨 있는 그릇이 있나요? 그 뚜껑을 열면 정말 내 인생이 나옵니까?"

'어느 정도는 그렇다'라고 답하고 싶다. 오늘 저녁에 무엇을 먹을지 그 정도까지는 알 수 없을지라도 최소한 올해 손실운이 있는지, 배신을 당할지, 돈을 좀 만질지는 충분히 알아낼 수 있다.

예외 상황은 언제든 있다. 사주를 미리 알고 있는 사람의 의지가 개입된다면 말이다.

예전에 한 친구에게 내년에 해외에 나갈 운이 있다고 말했다. 그 친구는 학생이었는데, 마침 어학연수를 갈 계획이었다. 그런데 이 친구의 성미가 청개구리다. 내 말이 틀렸다는 것을 증명하기 위해 일부러 예정에 있던 해외연수를 가지 않았다. 그러고는 신년운세를 보러 와서 "네가 틀렸어. 올해 해외 안 나갔거든"이라고 말했다. 친구의 실험정신 때문에 벌어진 해프닝이었다. 하지만 친구의 실험은 100퍼센트 성공한 것은 아니었다. 내가 친구에게 이사는 가지 않았냐고 묻자 그렇다고 했기 때문이다.

친구는 해외는 가지 않았을지 몰라도 이동수가 있는 운명을 바꾸지는 못했다. 해외에 나간다는 것은 기본적으로 머문 곳을 떠나 이동한다는 의미가 담겨 있기 때문이다. 이렇듯 본인의 의지로 바뀌는 부분에서는 약간의 변수가 있을지 몰라도 의지가 개입되지 않는 부분에서는 무시하지 못할 게 바로 사주다.

한번은 사주를 보러 온 사람 중 공무원 시험에 다섯 번 떨어진 여성이 있었다. 당시 서른두 살이 넘었는데, 공무원 시험을 그만 접으려 한다고 말했다. 나는 속는 셈치고 한 번만 더 응시해 보라고 했다. 그녀는 내 말을 듣고 한 번 더 시험에 응시했다가, 당당히 공무원 시험에 합격했다. 그러고는 사탕꾸러미를 들고 나에게 인사를 하러 왔다. 그녀는 내가 그때 그런 말을 하지 않았다면 시험을 포기했을 거라고 얘기했다. 나는 조용히 고개를 끄덕였다.

내가 그 말을 하지 않았더라도 어떤 식으로든 그녀만의 길을 갔을 것이라 생각한다. 꼭 공무원 시험이 아니더라도 당시에 합격운이 있었기 때문이다. 다만 나를 만나 내 이야기를 듣고 포기하려던 공무원 시험에 다시 도전한 것뿐이다. 결과적으로 나를 믿고 자신을 믿었기에 그녀가 좋은 결과를 얻었다고 본다.

사주에 어떠한 일이 일어날 조건이 갖춰졌다면 당장의 의지로 피했다고 하더라도 그것을 대체할 만한 사건이 일어난다. 지금까지 오랜 기간 단골손님들의 사주팔자를 보며 터득한 견해이다.

단골손님 중 한 명인 주희(가명) 씨는 취업 때문에 고민이 많았다. 그녀는 야간대학으로 학사를 받았고, 일본어도 공부하며 꾸준히 취업을 준비했다. 실무 경험도 많았지만 번번이 취업에서 미끄러졌다.

"취업이 안 돼서 너무 스트레스를 받아요. 자신감이 없어서 사람들을 만나기조차 싫고요. 그래서 혼자서 스트레스를 푸는 편이죠. 요즘 저만의 스트레스 해소 방법으로 버스를 타고 서울시내를 돌아다니고 있어요. 버스를 타고 서울 곳곳 안 지나간 곳이 없죠. 버스에 앉아 창밖을 보며 마음을 다잡아요. 하지만 번번이 취업에 실패해 자신감이 바닥이에요. 눈을 낮추고 꾸준히 노력하는데도 취업 문턱은 여전히 높기만 하네요. 도대체 어떻게 해야 취업할 수 있을까요?"

관상궁합

주희 씨의 고민에 나는 이렇게 조언했다.

"아버지와 친해지기 위해 노력해 보세요. 손잡고 산책하고, 다정하게 어깨도 주물러 드리고요. 아버지께 잘하면 분명 곧 좋은 소식이 있을 거예요."

잘못 들으면 엉뚱한 말이었을 것이다. 취업이 안 된다는데 아버지에게 잘하라니, 보통 사람이라면 자신의 얘기를 제대로 듣고 있는 건가 의아해했을지도 모른다. 평소에 내 조언을 잘 따라줬던 주희 씨는 달랐다. 끝까지 숨기고 싶었을지 모르는 가정사를 그대로 털어놨다. 평소 아버지와 사이가 매우 안 좋았다는 것이다. 아버지는 딸이 힘들게 벌어 놓은 돈을 아무 거리낌 없이 쓰기만 했다. 그런 아버지의 마음을 도저히 이해할 수 없었기에 남몰래 마음고생이 심했단다. 취업 준비에 제대로 집중할 수 없었던 상당한 이유가 이런 부분에 있었다. 가족 간에 궁합이 맞지 않을 수 있다. 그런데 천륜을 어찌할 수 있으랴.

인생이 잘 풀리려면 아버지와 잘 지내야 한다고 재차 이야기하자 주희 씨는 한번 해보겠다고 말했다. 그러고는 얼마 지나지 않아 다시 나를 찾아왔다. 원하는 회사에 정규직으로 취업했다는 소식과 함께 말이다. 지금도 회사에 잘 다니고 있다고 한다.

불운의 시기에 계속해서 악재가 올 때는 어떻게 해야 할까? 버티는 수밖에 뾰족한 방법이 없다. 이때 앞으로의 목표가 분명하다면 기쁜 마음으로 버틸 수 있다.

문제는 목표가 없는 경우이다. 특별히 하는 것 없이 자기계발도 하지 않고 투기나 횡재수만 바란다면 불운이 연속되는 것을 넘어 자신의 존재감마저 희미해질 것이다. 분명한 목표만 있다면 기회는 생각보다 빨리 찾아올 수 있다. 인생에 악재만 있는 경우는 없기 때문이다.

1년이 12달인 것은 1년에 기본적으로 12번의 기회가 올 수 있다는 의미이기도 하다. 그런데 절망에 빠진 채 갈팡질팡하며 기회를 날리고 있는 사람들이 많다. 지금까지 살아온 삶의 방향을 바꾸기 위해선 몸에 익은 습관부터 바꿔야 한다. 지금의 삶에 안주하고 있다면 앞날은 크게 달라지지 않는다. 보다 많은 사람들이 1년에 12번 찾아오는 기회를 놓치지 말았으면 한다.

얼굴과 사주의 상관관계

처음 명리학 공부를 시작했을 때는 사주와 관상이 어떤 관계에 있는지를 잘 몰랐다. 여러 경험을 통해 약간의 내공을 쌓고 나서야 어렴풋이 그림을 그릴 수 있었다.

나는 상대방의 얼굴을 보면 가장 먼저 목화토금수 오행의 형태로 사람을 구분한다. 관상이 목木형인 경우에는 나무 기운이 많든 적든 일주日柱가 목의 성격인 경우가 많았다. 여기서 일주란 생년월일시 글자 중에 일日에 해당하는 글자를 의미한다. 이처럼 사주와 관상의 개연성을 깨달으면서 우주의 섭리가 참으로 오묘하다는 생각을 하게 되었다. 운명의 실마리는 삶의 여러 측면에 숨어 있는 것 같다.

팔자에 목이 없는데 관상의 체형이 목木형인 경우 길한 사람이 많았다. 그 외에 화火형이나 토土형, 금金형, 수水형도 마찬가지였다. 한편, 팔자도 목인데 관상도 목인 경우 귀한 사람이 많았다. 주로 이런 경우는 자신의 본분을 뚜렷하게 알고 그대로 행하는 경우가 많았다. 삶에서 에너지 낭비가 없었다. 즉, 자기가 무엇을 해야 하는지 정확히 알고 있었던 것이다.

얼굴과 사주 관계도 그렇지만, 얼굴과 몸이 어떻게 조화되어 있는지도 흥미로운 주제이다. 관상학에 따르면 조합에 따라 아래 표처럼 길흉이 나뉜다.

관상오행에 따른 길흉

1. 목

얼굴 + 신체	길흉 여부	설명
목 + 목	길	• 얼굴이 갸름하다. • 팔다리가 길고 전체적으로 쭉 뻗은 느낌이 있다. • 얼굴과 몸의 피부가 검을수록 더욱 귀하다. • 배움을 살려야 더욱 귀해지고 길해진다.
목 + 화	길	• 얼굴형은 갸름하고 안면에 홍조가 있다. • 눈매가 날카롭게 올라간 느낌이 난다. • 손발이 뾰족한 편이다.
목 + 토	흉	• 얼굴이 갸름하나 키가 작다. • 손발이 짧고 허리가 굵다.
목 + 금	흉	• 얼굴이 갸름하고 긴 느낌이 나지만 팔다리가 길지 않고 몸이 근육질이다. • 새가슴(가슴뼈가 툭 튀어나온 경우)이 많다.
목 + 수	길	• 얼굴이 갸름하나 살집이 있고 몸매가 동그랗다. • 어릴 적 말랐다가 자라면서 살이 찌고 이후 잘 안 빠지는 경우가 대표적이다. 체질적으로 살이 잘 찐다. • 너무 말라서 예민해 보였으나 나이를 먹어 가면서 점차 동그란 형태로 살이 찌는 경우도 이에 해당된다.

2. 화

얼굴 + 신체	길흉 여부	설명
화 + 목	길	• 얼굴이 정삼각형 모양으로 위로 뾰족하며 이마가 좁은 경우도 있다. • 눈매가 올라갔으며 얼굴에 홍조가 있다. • 팔다리가 길고 신체가 쭉 뻗은 모습이다.
화 + 화	길	• 얼굴이 정삼각형 모양으로 위로 뾰족하며 이마가 좁은 경우도 있다. • 눈매가 올라갔으며 얼굴에 홍조가 있다. • 신체가 마른 경우도 있고 통통한 경우도 있다. • 손발이 뾰족하다.
화 + 토	길	• 얼굴이 정삼각형 모양으로 위로 뾰족하며 이마가 좁은 경우도 있다. • 눈매가 올라갔으며 얼굴에 홍조가 있다. • 팔다리가 짧고 허리 또한 짧고 굵은 편이다.
화 + 금	흉	• 얼굴이 정삼각형 모양으로 위로 뾰족하며 이마가 좁은 경우도 있다. • 눈매가 올라갔으며 얼굴에 홍조가 있다. • 신체가 근육질이고 살집이 별로 없다. • 손발의 뼈가 울퉁불퉁하며 모양이 투박하다.
화 + 수	길	• 얼굴이 정삼각형 모양으로 위로 뾰족하며 이마가 좁은 경우도 있다. • 눈매가 올라갔으며 얼굴에 홍조가 있다. • 신체가 통통하며 배가 나왔다. • 손발이 작고 고우며 뼈가 드러나 보이지 않는다.

3. 토

얼굴 + 신체	길흉 여부	설명
토 + 목	흉	• 얼굴이 네모나며 위아래가 좁은 모양이다. • 몸이 전체적으로 마른 편이며 팔다리 관절 부분에 뼈가 튀어나와 있다.

얼굴 + 신체	길흉 여부	설명
토 + 화	길	• 얼굴이 네모나며 위아래가 좁은 모양이다. • 손발이 뾰족하며 체형은 다양한 편이다.
토 + 토	길	• 얼굴이 네모나며 위아래가 좁은 모양이다. • 허리가 짧고 굵으며 손발의 뼈마디가 굵고 단단하다.
토 + 금	길	• 얼굴이 네모나며 위아래가 좁은 모양이다. • 신체가 근육질이며 신체의 비율이 매우 좋다.
토 + 수	흉	• 얼굴이 네모나며 위아래가 좁은 모양이다. • 살집이 있고 배가 나왔으며 손발이 곱고 통통하다.

4. 금

얼굴 + 신체	길흉 여부	설명
금 + 목	흉	• 이목구비가 잘생겼으며 약간 길쭉한 직사각형 모양이다. • 몸이 마른 편으로 얼굴과 달리 약해 보인다.
금 + 화	흉	• 이목구비가 잘생겼으며 약간 길쭉한 직사각형 모양이다. • 몸매는 다양하나 대체로 손발이 뾰족하고 작은 편이다.
금 + 토	길	• 이목구비가 잘생겼으며 약간 길쭉한 직사각형 모양이다. • 허리와 팔다리가 짧다.
금 + 금	길	• 이목구비가 잘생겼으며 약간 길쭉한 직사각형 모양이다. • 신체의 비율이 좋으며 근육질 체형으로서 살집이 거의 없다.
금 + 수	길	• 이목구비가 잘생겼으며 약간 길쭉한 직사각형 모양이다. • 몸매가 통통하며 손발에 뼈가 드러나 보이지 않는다.

관상궁합

5. 수

얼굴 + 신체	길흉 여부	설명
수 + 목	길	• 얼굴이 동그랗고 통통하나 몸은 다소 말라 보인다. • 통통하지만 키가 크고 뼈의 골격이 얇다.
수 + 화	흉	• 얼굴이 동그랗고 통통하지만 몸은 말랐거나 배만 나왔다. • 손발은 뾰족하게 생겼다.
수 + 토	흉	• 얼굴이 동그랗고 통통하지만 몸이 짧고 허리가 굵다. • 배에는 살이 그다지 많지 않다. • 손발이 네모나며 손가락이 짧다.
수 + 금	길	• 얼굴이 동그랗고 통통하지만 근육질 체질로 몸의 균형이 좋다. • 근육보다 살이 많은 편이지만 전체적으로 고르며 피부가 깨끗하다.
수 + 수	길	• 얼굴이 동그랗고 통통하다. • 배가 볼록하며 전체적으로 몸이 통통한 편이다. • 피부가 깨끗하며 특히 손발이 곱고 예쁘게 생겼다.

상대의 운명을 볼 때 중요한 것은 순간의 겉모습으로 관상을 보고 사주팔자와 결합해 섣불리 판단해서는 안 된다는 사실이다. 두 가지 모두 잘 살펴야 알맞은 조언을 전할 수 있다.

어느 날 밤, 한 남자가 나를 찾아왔다.

남자의 눈에는 살기가 가득했다. 내가 그의 관상을 보고 사주팔자로 확인하니 그해는 그가 피를 보게 되는 해였다. 그에게 난 "사주에 피가 보이는데 어디 아프시냐"고 물었다. 사실 아파 보이지는 않았다. 남자의 솔직한 이야기를 듣고자 던진 우회적인 질문이었다. 역시나 그는 '피'라는 단어에서 마음을 움직였다. 어릴 적 자신의 손발 노릇을 하던 친구가 있었는데, 최근 그 친구에게 속아 부모님이 물려준 집 한 채를 날리게 생겼다고 했다. 그 친구를 찾아 죽일 작정으로 떠나기 전에, 자기 인생이 하도 답답하여 나를 찾아왔다고 한다. 얼마나 원통하고 분했으면 그랬을까? 남자는 나이가 쉰이 넘었는데, 이제 그 집을 잃고 나면 노숙자와 별반 다르지 않게 살 것 같다며 괴로워했다.

누군가를 다치게 할 수 있는 위험한 상황이었다. 나는 남자에게 이렇게 말했다.

"비록 지금 눈에 살기가 가득하나 누군가를 죽일 관상은 아닙니다. 너무 노여워하지 마세요. 친구를 만나 당장 화를 푸는 건 득이 없으니 차라리 잠시 산에서 숨을 돌리세요. 그렇게 조금만 버티면 방법이 보일 겁니다. 그래도 불안하시다면 부동산 관련 전문가를 찾아 당신 집을 지킬 방법을 물어보세요. 해결의 실마리를 찾게 될 겁니다."

남자는 내 말을 듣고도 막무가내였다. 당장 친구를 찾아 가만두지 않을 거라고 목소리를 높였다. 때문에 나는 몇 마디 덧붙였다.

"죄송하지만 뜻대로 될 것 같지 않습니다. 당신은 어머니의 집을 지켜야 합니다. 그게 운명이에요. 감옥이 아닌 다른 곳에서 인생의 마지막을 보내는 게 당신의 운명이란 말입니다. 그렇게 알고 돌아가세요."

내가 그렇게 말할 수 있었던 것은 비록 그에게 살기가 있었다고는 하나 인격과 인품을 상징하는 귀나 눈이 너무나 선명해 보였기 때문이었다. 그의 사주와 관상에 피가 보였지만 그가 그렇게 하지 않았으면 하는 바람도 컸다. 그래서 과감할 수 있었던 것 같다. 나쁜 관상이라도 주어진 조건을 미리 알아 바꾸고자 한다면 다른 결과를 낳을 수 있다. 앞서 이동수가 있었던 친구가 해외에 나갈 운을 이사 가는 것으로 바꾼 것처럼 말이다.

반대로 좋은 관상을 가졌다고 해도 운명을 좋게 바꾸고자 하는 사람의 의지가 부족하면 소용이 없다.

대학 편입시험에 두 번 떨어지고 포기하려던 학생이 있었다. 나는 그에게 편입시험을 한 번만 더 보라고 조언했다. 학생은 입과 귀가 잘생겼는데, 특히 미간이 밝았다. 그는 가정 형편이 어려워 원하던 학교에 가지 못하고 장학금을 받으며 다른 학교를 다니다가 편입을 준비하고 있었다. 원하던 학교에 다시 들어가기 위해서였다. 하지만 아르바이트를 하며 편입 준비를 하기란 매우 벅찼다. 그러다 보니 자꾸 떨어졌던 것이다. 내 조언을 듣고 학생은 힘을 내 다시 편입시험을 준비했다. 결과는 합격이었다. 당당히 원하는 학교에 편입했고, 그것도 장학생으로 학교생활을 하고 있다고 한다. 만약 그가 내 얘기를 허투루 들었거나 인생을 그냥 운에 맡겼다면 불가능했던 성취다.

이 글을 읽고 있는 당신도 관상의 원리만 배우면 현실의 벽 앞에 좌절해 있는 사람들에게 힘이 되는 조언을 건넬 수 있다. 스스로가 어떤 어려움을 겪고 있다면 자신의 관상과 사주팔자를 분석해 해결의 실마리를 찾을 수도 있다.

암탉이 울면 집안이 망한다?

예전에는 여성의 사회 활동을 좋지 않은 시선으로 보았다. 역술이나 명리학이라는 게 여성이 사회 활동보다 가사에 주력할 시기에 만들어졌기에 이런 시선이 반영되어 있는 것이다. 그로 인해 여성이 사회 활동을 많이 하는 것을 흉하게 보기도 하고 가정에서 여성의 입김이 너무 세면 집안이 망한다고 말하기도 했다. 시대가 바뀐 만큼 해석이 달라져야 하는 부분이 많기에 여성에 한해서만 적용되는 관상 이론은 참고로만 보기를 바란다.

전통적인 관상학의 관점에서 여성의 광대뼈가 크고 도드라져 보이면 좋지 않게 보았다. 거칠고 쉇소리가 나는 목소리도 흉한 경우였다. 여기에 극단적인 표현을 자주 사용하거나 자기주장이 강하면 상당히 흉한 상으로 판단하였다. 이런 상을 가진 여성이 가정을 자기 뜻대로 좌지우지하려는 경우 집안이 망할 수 있다고 보았다.

이와 반대로 기우는 집안도 일으켜 세우는 여성의 관상도 있다.

역술적으로 지혜로운 여자인지를 판단할 때 이마와 눈을 중점적으로 본다. 이 부분이 반듯하면 소위 나쁘게 말하는 '암탉이 우는 형상'이 되지 않는다. 보수적인 남성이 선호하는 순종적인 여성들은 대체로 뼈가 드러나지 않고 광대 또한 발달되지 않았다.

《유장상법柳莊相法》에 보면 72가지 좋지 않은 여성의 상이 적혀 있는데, 이 중에 흉한 암탉이 될 수 있는 유형 몇 가지를 소개하겠다.

- **미어선소**未語先笑: 상대방과 이야기할 때 말보다 먼저 배시시 웃는다면, 설사 의식적으로 그렇게 하는 것이 아닐지라도 부도덕하다고 본다.
- **피백여분**皮白如粉: 살결이 희고 분같이 고우면 나쁜 상으로 본다.
- **육년여면**肉軟如綿: 살결이 솜처럼 부드럽게 연하고 푹신하여 마치 뼈가 없는 듯하면 좋지 않다고 본다.

관상학 고서를 보면 크게 60가지 좋지 않은 여성의 얼굴이 있다. 이 중에 36가지가 특히 최악이다. 성격이 억세거나 음란하거나 교활하여 남편을 해롭게 하고 화가 자신에게까지 미치게 하는 여성의 상이 그렇다. 대표적으로 4가지만 소개하면 다음과 같다.

- **정적정황**睛赤睛黃: 눈동자가 붉은색이나 누런색을 띠고 있는데 마치 닭처럼 맹렬하여 성격을 고치기 힘들면 남편과 자신을 해롭게 한다.
- **독관생면**獨顴生面: 얼굴에서 광대가 툭 튀어나왔으며, 성격이 모질고 독선적인 사람을 좋지 않다고 본다.

- **액고면함**額高面陷: 이마가 얼굴보다 높아 마치 얼굴이 움푹 패인 것처럼 보이며, 성격이 드세고 강하여 소리를 잘 지르면 흉한 상으로 본다.
- **명문골고**命門骨高: 귀 바로 앞에 있는 뼈를 명문命門뼈라 하는데, 이 뼈가 유난히 튀어나오고 거기에 거짓말을 잘하거나 음흉하면 이것도 나쁜 상이라고 본다.

다시 말하지만 이런 이야기가 현대에서는 맞지 않는 면이 분명히 있다. 따라서 관상만 살피는 게 능사는 아니다. 아무리 옛날 책에서 나쁘다고 하는 여성의 관상이라도 그에 걸맞은 현대의 남성은 존재한다. 그래서 얼굴뿐만 아니라 성격을 살펴보아야 한다.

지혜로운 여자는 관상이 어떻든 간에 행동에서 지혜가 드러난다. 자기주장만 내세우기보다는 상대방의 의견을 고려할 줄 알고, 극단적인 표현보다는 부드러운 표현을 자주 사용한다.

내담자 중에 남편을 노예처럼 부리던 여성이 있었다.

트럭 운전사인 남편을 두고 있었는데 연예인이 꿈이라고 했다. 부인은 젊은 시절부터 자기의 미모가 출중해 남자들에게 인기가 많았다고 말했다. 그래서 젊었을 때부터 배우의 길을 가겠다는 포부를 가졌다. 지금의 남편을 만나 결혼했지만 꿈을 멈추지 않고 남편의 내조로 배우가 되기 위한 준비를 했다. 그런데 얼핏 봐도 배우가 될 상은 아니었다. 순진한 남편은 부인의 꿈을 위해 새벽부터 트럭 운전을 하며, 부인의 꿈을 위한 비용을 모두 짊어지고 있었다. 철없다고 귀엽게 보는 것도 한계가 있었다. 가족과의 갈등은 필연이었다.

이처럼 자신의 뜻만 내세우는 사람은 어떤 집안에서도 환영받지 못한다. 이 이야기는 여성의 경우였지만 반대로 수탉이 울어서 집안이 어려워지는 경우도 많았다. 남자든 여자든 가정에서 조화롭게 살아가지 않으면 언제든 갈등은 일어난다는 점을 명심하자.

외국에서도 관상을 본다

보통 사주나 명리학이라고 하면 중국이나 우리나라 등 동아시아에 뿌리를 두고 있을 것이라고 생각한다. 관상에 대한 시각도 마찬가지다. 그런데 알고 보면 관상 이론은 동아시아가 최초가 아니다. 인도에서 왔다고 보는 게 중론이다. 관상법으로 유명한 달마達磨 대사가 만든 《달마상법達摩相法》, 관상학의 명서라 할 수 있는《마의상법麻衣相法》의 원작자 모두 인도 사람이었기 때문이다. 우리와 다른 얼굴을 한 곳에서 시작된 이론이 동아시아에도 보급될 수 있었던 건 인종과 국경을 넘어 적용 가능하다는 이야기가 된다.

한 경제지와 세계를 이끄는 리더들의 관상에 대해 인터뷰를 한 적이 있다. 여러 나라의 리더를 관상으로만 판단하여 비교하였는데, 나는 순수하게 리더십만 볼 때 시진핑 주석의 관상이 가장 좋다고 꼽았다.

현재 세계에서 가장 영향력이 큰 리더를 꼽는다면 중국과 미국의 지도자일 것이다.

시진핑 주석은 토土의 기준이 아주 강하고, 오바마 대통령은 목木의 기운을 가졌다. 목은 토를 극剋하는 성질을 가졌다. 근본적으로 둘 사이는 쉽게 불화가 일어날 수 있는 조합이란 뜻이다. 그런데 토의 기운이 너무 강하면 목이 버겁다. 오바마 대통령과 시진핑의 관계가 그렇다. 국제 관계는 무척 복잡하다. 하지만 단순하게 오바마와 시진핑 둘 사이만 본다면, 떠오르는 중국의 힘에 맞서 오바마 대통령 스스로 무언가를 끌고 가기에 부족한 감이 없지 않나 조심스럽게 추측해 본다.

그동안 나는 한국 사람 못지않게 외국인의 관상을 많이 봐왔다. 업무를 보는 곳이 관광객이 많은 지역인 탓이다. 주로 일본, 중국 손님이 많았지만 인도, 미국, 프랑스, 독일 등 다른 나라의 사람도 꽤 찾아왔다.

국가별로 주의 깊게 봐야 할 오행이 있다.

중국인이라면 토土의 기운에 주목해야 한다. 중국을 기준으로 동쪽에 있는 한국과 일본은 목木의 기운, 북쪽에 있는 러시아는 수水의 기운이 강하다. 이외에 중국 남쪽에 있는 나라들은 화火의 기운, 서쪽에 있는 미국 등은 금金의 기운이다. 목의 기운이 강한 나라는 배려심이 많고 예의를 중요하게 생각하며 성장 욕구가 강하다. 수의 기운이 강한 나라는 지혜로우며 차갑고 감정을 잘 드러내지 않는다. 화의 기운이 강한 나라는 밝고 열정적이며, 표현력이 풍부하다. 금의 기운이 강한 나라는 기술을 중시하며, 굳건한 성격을 지녔다. 토의 기운이 강한 나라는 묵직하고 자기중심적으로 자신을 가운데 두고 모든 것을 조율하려는 힘이 있다. 나는 그동안 외국인의 관상을 봐오며 이러한 국가

별 차이를 느꼈다.

한편, 서양인의 관상을 볼 때는 기존의 관념과 반대로 보기도 한다. 동양에서는 쌍꺼풀 없는 눈이 좋은 눈이지만 서양에서는 쌍꺼풀 없는 눈은 나쁜 눈이다. 그렇게 음양의 이치로 동서양을 구분해서 판단한다. 신체와 골격은 외국인이 좀 더 크고 굵다고는 하나 오행의 상생상극에 크게 벗어나지 않는다. 동서양을 막론하고 귀한 얼굴과 맑은 얼굴은 좋은 상이다. 맑은 얼굴은 혈색과 얼굴의 상태가 중요하다. 귀한 얼굴은 눈과 귀가 매우 중요하다.

한번은 독일인 여성이 찾아왔다. 그녀는 코가 굉장히 크고 높았다. 동양에서는 코가 크고 높으면 고독하고 지성미가 뛰어나지만 자기주장이 강하다고 판단한다. 나는 이를 반대로 보았다. 그래서 그녀를 이타심이 많고 희생정신이 뛰어난 사람으로 보았다. 실제로 그녀는 자원봉사도 많이 한다고 했다. 부모님을 보는 자리는 이마인데, 이마가 좋지 못했다. 부모님과의 관계를 이야기하니 별안간 그녀가 울음을 터트렸다. 그러고는 부모님은 이혼하셨고 아버지께서 얼마 전 돌아가셨다고 말했다.

언젠가 중국에서 호텔을 다섯 개 정도 가지고 있는 부자가 전용기를 타고 찾아온 적이 있었다. 수행비서 두 명을 대동하고 왔지만, 그 중국인 여자의 모습은 너무나 평범하고 심지어 허름해 보이기까지 했다. 그녀는 남편의 사진을 보여 주었는데, 내가 사진을 보고 여자가 많은 얼굴이라 했더니 무릎을 치며 푸념을 늘어놓는 모습이 영락없는 한국 아줌마였다. 어느 나라이건 간에 사람들은 다 비슷한 고민을 하며 사는가 보다.

외국인의 삶과 감정도 우리와 별반 다르지 않다. 국가와 생김새가 다르더라도 살아가는 모습은 비슷하다. 단지 문화와 성향에 약간의 차이가 있을 뿐이다. 그래서인지 인생을 다른 관점으로 보는 동양의 철학에 엄청난 호기심을 보인다. 나에게 상담을 하러 왔다가 노하우를 배우고 싶어 했던 외국인도 있었다.

관상학과 유사한 학문을 서양권에서 찾는다면 골상학骨相學일 것이다. 골상학의 창시자는 오스트리아의 해부학자 F. J. 갈Franz Joseph Gall이다. 그는 인간의 심적 특성이 대뇌를 감싼 두골에 드러난다고 여러 증거를 통해 주장했다. 골상학에 의하면 어떤 심적 특성이 발달할 때 그와 연관된 두골 부분이 튀어나온다. 반대로 어떤 부분이 들어간 경우에는 해당 심적 특성이 발달되지 못했다고 보았다. 이렇듯 골상학에서는 대뇌 표면의 발달 정도가 두골의 형상으로 드러나며 이를 통해 한 사람의 마음 상태를 볼 수 있다고 말한다.

골상학은 비교적 최근까지 관련 심리학이나 범죄자 성향을 연구하는 데 쓰였다. 그러나 현재는 사회적으로 여러 논란이 있어 진지하게 활용되지는 않는다. 그냥 관상학이라는 게 특정 문화권의 전유물은 아니라는 점만 알아두면 되겠다.

2장

관상궁합,
무시했다간
큰코다친다

어떤 얼굴이 좋은 배우자감일까?

결혼을 생각하는 사람이라면 누구나 최고의 배우자를 꿈꾼다.

현실적으로 답안이 있을 수 없는 문제다. 사람마다 다르기 때문이다.

앞서 말한 대로 자신의 얼굴에 음의 기운이 강하다면 양의 기운을 가진 사람과 만나고, 양의 기운이 강하다면 음의 기운을 가진 사람과 만나는 게 좋다. 이렇게 하기 위해서는 자신은 물론 상대의 관상도 어느 정도 볼 줄 알아야 한다. 이 책은 전문가만을 위해 쓰인 게 아니다. 관상학을 잘 모르는 사람도 쉽게 이해할 수 있도록 일반론의 입장에서 단순화해 설명하겠다.

흔히 좋은 배우자의 얼굴로 눈이 예쁘고 코가 높은 사람을 떠올린다. 물론 눈이 선하고 아름다운 사람을 만나는 것은 좋다. 아무래도 눈빛으로 인한 갈등의 요소가 줄어 가정의 평화를 가져오기 때문이다. 그런데 코가 너무 높은 건 좀 생각해 보아야 한다. 높은 코를 가진 사람들은 고집을 잘 꺾지 않는 성향이 있어 애초부터 피하는 게 화를 부르지 않는 방법이다.

배우자를 정할 때 중요시해야 할 것은 악상惡相을 만나지 않도록 조심하는 것이다. 물론 악상이라고 무조건 나쁘게 봐서는 안 된다. 본인이 보기에 악상이라도 다른 이에겐 아닐 수 있다. 중요한 건 성품이다. 성품을 꼼꼼히 확인하고 배우자로 선택하기를 바란다. 이 일을 하면서 배우자와의 불화로 찾아온 사람들, 특히 폭력 같은 심각한 문제가 있었던 사람들은 지위나 직업을 막론하고 악상이었던 것은 사실이다. 그렇다고 모든 악상이 문제를 일으키는 건 아니다. 선한 인상이라고 다 착하지 않은 것과 같은 이치다. 후반부에 자세히 설명하는 악상에 대한 부분은 그냥 참고로만 알아 두면 된다.

사실 내 마음이 선하고 그릇이 크다면 누구를 만나도 복된 삶을 살 수 있다. 그동안 이런 복된 삶을 사는 사람들을 많이 만나 왔다. 그들은 특별한 삶을 사는 건 아니었지만 늘 표정이 밝았다. 또한 나쁜 말을 내뱉지 않았으며 사람에게 악의를 갖거나 상대의 말을 끊지 않았다. 내가 이 일을 하면서 가장 고맙고 반가웠던 사람들이다. 이들은 보통 배우자를 진심으로 사랑하고 깊게 믿고 의지하며 산다. 이런 사람에게 관상을 따지는 것 자체가 의미 없는 일이다.

성품이 어질고 부드러운 사람을 만나면 어느 관상이건 간에 원만한 결혼 생활을 하는 경우가 많다. 관상으로 악상이 아닌, 나와 맞는 상을 찾을 수는 있다. 그러나 아무리 좋은 사람을 만나도 내 마음 됨됨이가 이후 결혼 생활을 결정한다는 사실을 유념했으면 한다.

궁합이 안 좋아도 잘 살 수 있다?

궁합이 좋지 않아도 잘 살 수 있을까? 여러 사연을 통해 살펴보도록 하자.

연애를 통해 결혼한 한 커플이 있었다. 여자의 직업은 행정직 공무원이고, 남자의 직업은 의사였다. 두 사람의 궁합은 좋지 않았지만 그들은 서로 열렬하게 사랑했고 또한 결혼하는 게 나쁘지 않다고 판단했다. 서로 직업이 좋은 데다가 여자 쪽 집안이 부자였기 때문이다.

여자는 돈이 많은 인상인데 쌍꺼풀이 있었다. 남자는 이와 반대로 쌍꺼풀이 없었다. 서로 반대의 모습은 나쁘지 않다. 하지만 나는 두 사람에게 궁합이 좋지 않다고 말했다. 이유는 남자의 용모에 모진 성향이 보였기 때문이다. 모질다는 것은 이기주의, 즉 자신만 생각하는 것을 말한다. 그러나 여자는 남자를 많이 사랑했기에 이 말을 믿지 않았다. 이미 결혼 전 아이를 가진 상태라 결국 그들은 결혼식을 올렸다.

슬프게도 이후 나의 예견이 맞아 들어가기 시작했다. 결혼 후 남자는 부인에게 노골적으로 돈을 요구했다. 여자가 아버지의 사업이 잘 풀리지 않아 힘들다고 말하자 남자는 본색을 드러냈다. 돈이 더 많은 여자를 만나겠다며 집을 나가 버린 것이다. 아직 혼인신고를 하지 않은 탓에 여자는 홀로 아이를 키워야 하는 상황이 되어 버렸다. 안타깝다.

이와 다른 이야기도 있다.

지혜(가명) 씨는 어릴 적 부모를 여의었다. 그녀는 눈에 띄는 아름다운 외모를 갖고 있었지만 애정결핍 탓인지 남자에게 상당히 집착하는 성격이었다. 의류사업을 하던 지혜 씨는 사업 실패로 신용불량자가 되었지만 항상 자기가 잘될 거라는 긍정적인 마음으로 일에서만큼은 의욕이 넘쳤다. 그러나 연애는 달랐다. 지혜 씨 주변에 늘 남자가 많았지만, 그녀는 연애를 하면 한 남자만 보았다. 크게 돈을 보는 성격도 아니었다. 하지만 집착하는 성격 탓에 늘 이별을 겪어야 했다.

그러던 어느 날, 지혜 씨는 드디어 아주 좋은 궁합의 남자를 만났다. 남자는 미용학원을 같이 운영하며 관련 쇼핑몰을 만들어 지혜 씨의 재기를 도왔다. 비록 재기에 성공한 후 그 남자와 헤어졌지만, 좋은 궁합 탓인지 서로 행운을 빌어 주며 좋게 마무리되었단다. 지혜 씨는 지금도 승승장구하고 있다. 지혜 씨가 재기에 성공한 이유는 그녀의 긍정적인 마음과 노력도 있겠지만, 궁합 때문이었다고 생각한다. 물론 지혜 씨가 연애를 할 때 한눈팔지 않았기에 남자도 그녀를 믿어 주었을 것이다.

지혜 씨의 관상은 이랬다.

입이 큰 편으로 예쁘고, 입술이 뚜렷하다. 하지만 이마는 예쁘지 않았는데, 보통 이마를 부모 자리로 본다. 지혜 씨는 어려서 부모를 여의고 친척 손에 자랐다. 그녀의 성공 비결을 관상으로만 따지면 코와 입이 예쁘기 때문이었다. 코와 입은 성공에 있어서 아주 중요한 자리다. 또한, 높은 자리에 오르거나 큰 시험에 합격하는 등 성공하기 위해서는 눈이 중요하다. (뒤에서 눈에 관해 설명하겠다.) 비록 좋은 궁합을 가진 사람과 헤어졌지만, 서로 도움이 되고 마지막도 좋았기에 좋은 사람을 찾은 경우라고 할 수 있다.

한편, 좋은 궁합도 막힐 때가 있다. 어느 날 메일 한 통이 도착했다.

'도사님, 궁합을 보고 싶습니다. 그러나 직접 찾아갈 수 없는 저를 이해해 주시고 메일로 상담 신청합니다'라는 식의 내용이었다. 나는 메일에 적힌 내용으로 궁합을 보고 이렇게 말했다.

'너무 좋은 궁합이네요. 서로 헤어지기가 힘들고 결혼해서 살면 매우 잘 살 수 있는 궁합입니다. 그런데 남자가 혹시 결혼하지 않았나요? 결혼운이 이미 있어서 현재 가정이 있는 분이 아닌가 의심됩니다.'

답장이 왔다.

'맞아요, 도사님. 그런데 현재 그 사람이 본부인과 사이가 별로 좋지 않습니다. 이혼하고 저와 같이 살려고 해요. 그런데 저희는 한국에서 살 수가 없습니다. 용기를 내서 함께 살아도 될까요?'

나는 그래도 될 정도로 아주 좋은 궁합이라고 말했다. 그 후, 나에게 다시 메일로 연락이 왔다.

'조언을 듣고 힘을 내게 됐어요. 저희는 멕시코로 떠납니다. 그리고 사실 제가 보내드린 궁합의 주인공은 제 사촌 오빠예요. 저희는 어릴 때부터 교제했는데, 도사님 말에 힘을 얻어 곧 출국합니다. 저희 잘 살 게요.'

이런 사연을 들으면 사랑이 우선일지, 천륜이 우선일지 많은 고민을 하게 된다. 그래도 이왕 마음먹은 만큼 잘 살기를 바란다.

좋은 궁합은 선택해야 내 것이 된다. 다음 사연은 과감히 좋은 궁합을 선택한 사람의 이야기다.

굉장히 좋은 집안의 여자가 있었다. 고위공무원인 어머니, 공무원인 아버지, 본인도 교사 임용고시를 준비하고 있었다. 그런 그녀가 좋아하는 남자는 가진 것 없고 학력도 낮은 볼품없는 남자였다. 하지만 두 사람은 서로 많이 사랑했다. 궁합을 보니 결혼까지 갈 수 있는 좋은 궁합이었지만, 두 사람의 집안 환경을 들은 터라 걱정이 됐던 게 사실이다. 그리고 그녀의 얼굴 골격을 보았을 때 아버지가 공무원 중 군인이나 검찰, 경찰직 쪽으로 보였다. 집안 분위기가 보수적이고 엄하다는 추측이 가능했다. 나는 과연 그런 집안에서 이 남자를 받아들일 수 있을까 하는 생각이 들었다. 그녀 역시도 마찬가지 생각이었다. 너무 사랑하지만 가족들이 어떻게 생각할까 걱정이라고 했다.

그래서 나는 그녀에게 이렇게 말했다.

"3년이 지나면 당신에게 결혼운이 오는데 이 사람과의 궁합을 보아서는 당장 헤어질 것 같지 않습니다. 그러니 이 사람과 꼭 결혼하고 싶다면 3년만 버티세요. 그러면 결혼할 수 있는 기회가 올 겁니다."

3년이 안 된 지금, 두 사람은 아직 결혼하지 않았다. 아직까지 서로 사랑하면서 잘 만나고 있다는 소식을 들었다. 시간이 지나 보아야 알겠지만 조건이나 환경은 나빠도 사랑으로 궁합을 선택한 경우라 기억에 오래 남는다.

인생의 반려자를 만나는 데 있어 자신의 마음이 가장 중요하다. 다만 관상을 참고하면 궁합이 좋지 않은 사람의 단점을 보완할 수 있다. 첫 번째 사연의 경우 돈에 관한 남자의 생각을 미리 알았더라면 더 주의했을 것이다. 두 번째 사연의 경우 또한 계속되는 이별에 연애를 포기하거나 매사에 부정적인 마음을 갖고 임했다면 좋은 사람을 만나서 성공하지 못했을 것이다. 궁합이 좋지 않아도 잘 살 수 있지만, 궁합이 좋지 않다면 서로 조심하는 마음을 가져야 한다.

연애만 할 사람, 결혼할 사람

늘 자유를 원하는 사람이 있다. 이들은 한 번쯤 결혼하고 싶은 마음이 들다가도 구속이 싫어 결혼하지 못한다. 반면 일찍 결혼해서 안정감을 갖고 싶어 하는 사람도 있다. 이 사람들은 짝을 만나 결혼하여 아이를 갖는 인생의 희로애락을 겪고자 한다. 두 가지 부류의 사람 중에서 연애만 할 사람은 어떤 얼굴을 하고 있을까?

정답은 바로 '도화안'의 얼굴이다. 도화안桃花顔이란 한자 그대로 풀이하면 '복숭아꽃 얼굴'이라는 뜻이다. 왜 하필 복숭아꽃일까? 복숭아꽃이 지고 열매가 맺히면, 그 열매가 너무 아름다워 많은 사람이 모여드는 것을 인기에 비유했다. 따라서 도화안은 인기가 많다는 뜻으로 해석되기도 한다. 가만히 있어도 주변에서 사람이 다가오는 얼굴. 도화안은 용모가 반듯할 뿐만 아니라 남을 웃기는 재주도 갖추었다.

도화안의 특징은 다음과 같다.

첫째, 눈이 촉촉하다. 시쳇말로 '우수에 찬 눈'으로 불리는 젖은 눈동자를 갖고 있다.

둘째, 웃을 때 눈가에 주름이 생긴다. 눈 끝은 물고기의 꼬리를 닮았다고 해서 어미魚尾라고 불린다. 관상에서는 이 어미에 주름이 3줄 가 있으면 천하의 바람둥이로 본다. 아무래도 눈웃음을 치며 잘 웃으니 이성의 호감을 산다고 보는 것 같다.

셋째, 입술이 빨갛고 도톰하다. 이 경우 남성보다는 여성이 이성을 끌어당기는 경우가 많다.

넷째, 손이 하얗고 손가락이 길게 뻗어 있다. 뒤에서도 설명하겠지만 관상에는 손도 포함된다. 하얗고 길쭉한 손은 도화에 해당한다. 마지막으로 점이다. 점 또한 관상에서 중요한 위치를 차지하는데, 주로 입 주변, 코나 눈 끝에 점이 있는 경우 도화안으로 본다.

도화안을 가진 사람들은 인기가 있으니 자연스레 연애를 할 기회가 많다. 결혼을 싫어하고 계속 인기를 즐기며 살기도 한다. 만약 결혼 이후에도 인기가 많다면 결혼 생활에 어려움이 있을 수 있다. 그래서 도화안을 연애만 할 사람의 관상이라고 보는 것이다.

물론 도화안이 연애만 할 사람에게만 해당되는 것은 아니다.

나를 찾아왔던 예진(가명) 씨는 눈이 삼백안三白眼(눈동자와 아래 눈꺼풀 사이가 넓어 흰자위가 3방향으로 넓게 보이는 경우)이었다. 평범하지 않은 눈과 전체적인 인상을 두고 여러 해석이 가능하겠지만 적어도 도화의 기운이 가득한 얼굴은 아니었다. 사람을 불러모으는 끼가 아닌 사람을 그리워하는 끼를 타고난 여자였다. 그런 끼가 있어서일까? 인물이 좀 번듯한 남자만 보면 그들에게 사랑받고 싶어 했다. 부잣집 외동딸로 요즘 말하는 소위 '금수저'를 물고 태어난 예진 씨는 남자들을 돈으로 꿨다. 마음이 쉽게 바뀌던 그녀는 그렇게 연애만 즐기며 살아왔다.

그런데 예진 씨는 의외의 인물과 결혼했다. 배우자는 자신이 운영하는 가게에서 요리하던 남자였다. 그 남자와 결혼한 이유는 자기 마음대로 다룰 수 있을 것 같아서였다. 사랑하지 않더라도 그녀는 착한 배우자가 필요했다. 예진 씨는 혼자인 것이 싫어 결혼은 했지만, 곧 또다른 잘생긴 남자를 만나고 싶어 했다. 그 이기심은 왜곡된 가정생활을 불러왔다. 강아지만 열 마리를 키우면서도 부부 사이에 아이는 없었다. 겉도는 결혼 생활에 예진 씨는 결국 이혼까지 생각했다. 하지만 남편이 이혼해 주는 대가로 재산의 절반을 요구해 왔다. 때문에 이혼이 쉽지 않아 그녀는 끊이지 않고 남자 문제를 불러일으키며 결혼 생활을 이어나가고 있다.

남편은 착한 심성을 가졌고, 두 사람의 궁합도 괜찮았다. 하지만 예진 씨의 성향이 결혼 생활을 불안정하게 만들었다. 뒤늦게 아이를 낳고 안착하고 싶은 마음이 든다고 했지만, 뜻과 달리 아이도 생기지 않았다.

도화안은 아니지만 결혼을 신중히 생각해야 할 또 다른 경우도 있다.

이성 문제로 관상을 보고 싶다며 찾아온 혜정(가명) 씨 이야기다. 그녀의 얼굴은 언뜻 평범해 보였지만, 나는 대번에 남자가 꽤 쫓아다닐 것 같다고 판단했다. 얼굴이 전형적인 미인형은 아니었지만 피부가 곱고 팔다리가 길쭉했다. 거기다 눈은 슬퍼 보였다.

혜정 씨는 내게 자신이 왜 집착이 심한 남자만 만나게 되느냐고 물었다. 만나는 사람마다 헤어지면 죽을 거라는 얘기까지 할 정도로 집착이 심해서 사람을 만나기가 두렵다고 했다.

관상과 사주팔자를 보니 남자를 꽤 불러모을 상이었다. 그런 혜정 씨는 정작 만나는 남자들을 진지하게 받아들이지 않았다. 그녀는 만나는 사람마다 두세 번 만에 결혼하자고 얘기하면서 집착하는 것을 이해하지 못하겠다고 했다. 착하고 공부 잘하던 성실한 사람이 아무것도 안 하고 집착한 경우도 있고, 어떤 남자는 스토커처럼 쫓아다녀 경찰에 신고한 경우도 있었다고 한다. 나는 그녀에게 남자들에게 너무 의지하려고 하거나 나약한 모습을 보이면 안 된다고 조언했다. 남자들의 집착은 자신도 모르게 그들의 보호 본능을 자극하는 데서 나온다. 때문에 혜정 씨를 연민의 시선으로 바라본 남자들은 그녀를 책임지겠다는 마음으로 결혼까지 생각하게 된 것이다.

결혼할 상대라고 한다면 마음껏 기대도 좋다. 그런데 그녀는 그렇지 않았다. 상대를 가리지 않고 의지할 사람만 나타나면 친절하게 대했다. 이런 태도는 진실성 없는 다정함을 바탕으로 한다. 상대에게 언제나 다정한 모습을 보여야 한다는 의무감에 지쳐 이후 편하게 대하면 남자들은 안달이 났다. 혜정 씨 입장에선 남자가 '갑자기' 집착남으로 변신한 것이지만, 남자들은 사실 돌변한 여자친구 모습에 놀라기도 하고 자존심도 상해 옛 판세를 되찾기 위해 발악한 것이었다. 이렇게 보면 문제는 그녀 자신에게 있었다고 보는 게 맞을 것이다. 이런 사람의 경우 일반적인 성격의 남자와 결혼 생활을 하기가 쉽지 않을 것이다.

여성의 경우 주로 오행 중 수水형이 강한 사람들이 비교적 순탄하게 결혼한다. 이들은 보통 23~26세 사이에 결혼에 이르는데, 요즘 흔치 않은 경우이기는 하다. 이들에게는 연애의 즐거움 또는 사회생활에서 갖는 이상보다 일찍 아이를 낳고 안정을 찾고 싶은 마음이 크다.

남성의 경우, 의외로 인기가 없어 보이는 사람이 결혼을 일찍 하는 편이다. 인기가 없어 보인다는 것은 사람을 불러모을 정도의 화려한 능력이 없다는 뜻이다. 하지만 앞서 말한 도화안임에도 불구하고 결혼을 일찍 한 사람도 있다. 대체로 화려한 외모에 비해 이성을 멀리하고 인품이 자상한 사람일수록 서둘러 결혼하는 편이다.

결혼 적령기가 늦어지면서 20대에 일찍 결혼을 하면 뭔가 아쉬워하는 심리가 있는 것 같다. 그러나 이것은 큰 착각이다. 결혼을 해야 인생이 더 잘 풀리는 경우도 있기 때문이다.

20대 민지(가명) 씨는 클럽과 노는 걸 좋아하던 예쁘장한 여성이었다. 그녀는 궁합 때문에 나를 찾아왔다. 1년 정도 사귄 남자가 결혼을 하자고 하는데, 나이도 어리고 아직까지는 노는 것이 좋아 고민이라고 했다. 게다가 무척 자주 싸우는 편이라 결혼을 생각해도 되는 것인지 물어보고 싶다고 덧붙였다. 민지 씨는 부정적인 대답을 기대했겠지만 나는 확신을 갖고 결혼을 추천했다.

"지금 이 사람과 결혼하지 않으면 나중에 굉장히 후회할 것으로 보입니다. 지금 결혼하지 않으면 30대 초반까지 그저 놀기만 하는 인생이 될 것 같네요. 차라리 이 사람과 결혼해서 아이를 낳고, 삶의 방향을 바꾸어 보는 게 어떨까요? 그리고 결혼해서 1년 정도 지나면 배우자의 경제적인 상황도 점차 나아질 겁니다."

그 후 민지 씨는 결혼을 결심했다. 결혼 준비를 하면서도 잦은 싸움으로 결혼을 할지 말지 많이 고민했지만, 그럴 때마다 나는 결혼하는 것이 좋다고 조언해 주었다. 현재 민지 씨는 결혼해서 아들을 낳고 행복하게 잘 살고 있다. 결혼 전과 다르게 아내와 엄마의 삶에 충실하며 가정적인 성격으로 변했다. 민지 씨는 일부러 나를 찾아와 고맙다는 말을 전했다. 이 일을 하면서 참으로 뿌듯한 순간이었다. 그녀는 내게 이렇게 말했다.

"노는 것만 좋아하던 제가 남편과 아이만 바라보는 단란한 가정을 꾸리게 될 줄은 몰랐어요. 결혼하고 전혀 다른 삶을 살고 있어요. 정말 고맙습니다."

모두가 민지 씨와 같지는 않다. 그리고 결혼 자체가 인생의 목적이 될 수는 없다. 결혼해서 자신이나 상대가 불행할 것 같으면 연애에만 만족해도 나쁘지 않다. 한편, 자유롭게 살고 싶어 연애만 하겠다고 마음먹은 사람이라도 자신을 구속하지 않는 사람을 만나면 결혼으로 또 다른 행복을 느낄 수도 있다.

연애와 결혼에 있어서 가장 중요한 것은 서로를 위한 배려와 인격적인 성숙이다. 관상으로서 한 가지 팁을 주자면, 결혼 상대 또한 앞서 말한 대로 음양오행론의 반대로 생각해 보면 좋다. 예를 들면 내가 자유로운 직업을 가졌다면, 배우자는 일관된 업무를 하는 경우가 좋다는 것이다. 결혼을 하고자 한다면 음양오행론의 반대 개념을 유념해 두기를 바란다.

최고의 커플, 최악의 커플

버스나 지하철 또는 거리 곳곳에서 다정한 연인들을 쉽게 볼 수 있다. 직업병(?)인지 무의식 중에 이런저런 커플 중 결혼할 것 같은 커플과 곧 깨질 것 같은 커플을 구분하며 시간을 보낼 때가 있다.

내가 만난 최고의 커플들은 서로를 편안하게 여기며 음양의 이치가 잘 맞아떨어졌던 경우다. 반면 최악의 커플은 서로를 편안해하지 않는다는 느낌을 받았고 관상 면에서 얼굴도 서로 비슷했다. 마치 자석의 같은 극이 서로 밀어내는 듯한 느낌이었다.

자신과 잘 맞는 사람을 어떻게 초반에 알아볼 수 있을까? 먼저, 쌍꺼풀이 있고 겁이 많은 여자는 결단력이 있고 판단을 명확히 내리는 남자를 만나는 것이 좋다. 이러한 남자는 보통 쌍꺼풀이 없는 가늘고 기다란 눈을 가진 경우가 많다. 여기에 체격이 크다면 말수가 적을 수 있는데, 이런 경우는 옛날로 치면 장군에 가까운 기질이라고 볼 수 있다. 반면 쌍꺼풀이 없고 겁이 많지 않으며 명확히 판단하는 여자는 눈

관상궁합

이 크고 조금은 여려 보이지만, 어떤 것이든 상의를 하는 자상한 남자가 좋다.

최악의 커플은 서로를 보완해 줄 수 없는 사람들을 말한다. 예를 들면 쌍꺼풀이 있고 겁이 많으며 결단력이 떨어지는 여성이 자신과 같은 남자를 만나는 경우이다. 이 두 사람은 세상을 헤쳐 나가는 데 있어서 어려움을 겪기 쉽다. 서로 아무리 사랑한다 할지라도 문제에 똑같이 대응한다면 갈등을 풀기 힘들다. 둘이 싸운다면 양보 없이 끝장을 보고 말 것이다. 같은 맥락에서 서로 너무 닮은 체형끼리 만나는 것도 좋지 않다.

"사랑하면 서로 닮아 가지 않나?" 하고 의아해하는 사람도 있을 것이다. 물론 그렇다. 내 얘기는 서로 교류가 없던 사람들이 처음 만났을 때를 이야기하는 것이다. 처음 만났을 때 얼굴이 서로 닮아 보인다면 조심하는 게 좋다는 말이다. 첫만남에서는 다른 모습이었으나 사랑하면서 닮아 가는 게 최고다. 관상에서는 마음이 습관을 만들고, 습관이 모습을 만든다고 본다. 두 사람이 같은 마음을 가지고 함께 살아간다면 습관이 비슷해지면서 자연스레 얼굴의 모습이나 표정도 닮아 갈 수밖에 없다. 이것이 오래가는 커플의 아주 바람직한 형태다.

서로 반대되는 모습의 얼굴과 체형을 만났다면, 그다음 봐야 할 게 '띠'이다.

흔히 들리는 게 '4살 차이는 궁합도 안 본다'는 말이다. 순수하게 띠 궁합으로만 봤을 때 일리가 있다.

띠궁합이라는 건 말 그대로 태어난 해(음력)의 띠로 궁합을 보는 것이다. 띠만으로 궁합이나 사주를 보는 '당사주唐四柱'가 따로 있을 정도인데 꽤 잘 맞는 편이다. 띠궁합은 십이지를 동물로 비유하여 서로 잘 어울리고 궁합이 맞는 동물이 있다고 본다.

자子: 쥐	축丑: 소	인寅: 호랑이	묘卯: 토끼
진辰: 용	사巳: 뱀	오午: 말	미未: 양
신申: 원숭이	유酉: 닭	술戌: 개	해亥: 돼지

이 중에 '인오술', '해묘미', '신자진', '사유축' 이들은 서로 그룹을 지을 수 있는 관계인데, 이들은 공교롭게도 서로 4살 차이가 난다. 흔히 4살 차이가 좋다고 하는 이유가 바로 여기에 있다. 서로 한 그룹이기 때문에 궁합을 보지 않고도 결혼할 수 있는 좋은 띠로 보는 것이다. 따라서 4살 차이가 나는 커플은 자연히 띠궁합이 맞다.

한 커플의 사연을 소개하겠다.

한번은 첫사랑을 잊지 못하는 은혜(가명) 씨가 나를 찾아왔었다. 은혜 씨의 연애 경험은 대학생 때 첫사랑과 딱 한 번이 전부라고 했다. 첫사랑과 이별 후 남자를 만나지 못해 줄곧 혼자 지내고 있었다. 그녀는 매년 신년운세를 보러 오던 단골손님이었는데, 어느 날 뜻밖의 이야기를 털어놨다.

"첫사랑에게 연락이 왔어요. 만나자고 하는데 어떻게 하는 게 좋을까요?"

나는 나쁠 게 없으니 만나 보라고 권유했다. 두 사람은 다시 만난 뒤 친구처럼 서로 연락하는 사이가 되었다고 했다.

그 후 며칠이 지났다. 한 남자가 찾아왔다. 야무지고 단단한 느낌이 나는, 좋은 관상을 가진 청년이었다. 예전에 사귀었던 여자를 다시 만나고 싶은데 궁합이 어떤지를 물었다. 둘의 생년월일시를 듣고 사주궁합을 보니 참 괜찮았다. 나는 "두 분 궁합이 좋은 데다 사주에 결혼운이 들어와 있으니 곧 뭔가 일이 일어나겠네요"라고 말했다. 그는 충분한 답이 되었다며 돌아갔다.

이후 은혜 씨가 나를 찾아와 기분 좋은 고민이 있다고 했다.

"얼마 전 첫사랑 남자친구를 또 만났어요. 그 친구가 이제 내가 너를 데려갈 때가 된 것 같다고 말하더라고요. 기분은 정말 좋은데 막상 그 말을 들으니 걱정되고 망설여져요. 어떻게 해야 할까요?

그리고 첫사랑 남자의 사진을 내밀었는데, 그 사진을 보고 살짝 놀랐다. 얼마 전 나에게 와서 궁합을 본 그 남자였기 때문이다. 그전까지 나는 그 남자가 은혜 씨의 첫사랑인지 모르는 상태였다. 나는 웃으며 얼마 전 만난 적이 있다며 그녀를 안심시켰다. 얼마 지나지 않아 청첩장이 도착했다. 좋은 인연, 좋은 궁합이라고 생각한 만큼 최고의 부부가 되리라 확신한다.

연예인 커플 십중팔구는 깨진다?

흔히 연예인의 기본은 인기라고 말한다. 아무래도 대중의 관심을 불러 인기를 얻어야 직업이 유지되기 때문일 것이다. 인기를 끌려면 앞서 말했듯이 도화안을 지녀야 한다. 그런데 연예인의 도화안은 일반인과 어느 정도 차이가 있다. 포인트는 눈이다.

먼저, 개그맨의 경우 쌍꺼풀 없이 작은 눈에 눈매가 올라가 있으면 좋다.

이는 화火형의 기운이라고 말할 수 있다.

배우는 눈, 코, 입이 바르고 좌우대칭을 이루는 것이 좋다. 또한 배우 중에는 눈 모양이 갈고리처럼 생긴 상이 많다.

　대표적인 예로 이나영, 원빈, 장동건 씨가 있다. 이들의 눈 앞부분을 보면 눈이 갈고리 모양으로 깊다는 것을 알 수 있다.

　연예인처럼 끼가 많은 얼굴은 도화안을 지니고 있고 미소가 아름답다. 또한 성적 매력이 있어야 한다. 관상에서 끼가 많다는 것은 이성의 호감을 얻는다는 의미도 있다.

　여성의 경우, 피부가 하얗고 눈빛이 사납지 않은 사람이 인기를 끈다. 여성스럽다고 보기 때문이다. 또한 잘 웃는 여성은 많은 얼굴을 갖고 있다고 여러 관상 고서에서 전한다. 고서와는 달리 체형이 받쳐 주는 경우도 좋다. 옛날에는 이러한 사람을 부도덕한 사람으로 낙인찍었으나 현대에서는 매력으로 보고 있다.

　남성은 쌍꺼풀이 있고 잘 웃는 얼굴이 좋다. 관상 고서에는 이러한 인상에 눈 끝에 3개의 주름이 지어져 있으면 끼를 부리는 남자라고 말한다. 주의해야 할 얼굴도 있다. 손가락이 길고 하얗다면 주변에 여자를 많이 두고 있을 가능성이 있다. 물론 예외는 존재한다.

　연예인 사주팔자는 감정이 다양하고 풍부하다는 특징이 있다. 실제 이런 사주를 갖고 있으면서 성격 또한 이러한 경우도 있고, 실제 성격은 다르지만 직업적으로 그러한 재능을 쓰는 사람도 있다. 공통적으로 연예인은 표현력이 뛰어나다. 표현력이 풍부하고 강하면 직설화법을 많이 사용하게 되는데, 그러다 보면 직설적인 언변이 배우자를 힘들게 할 수 있다. 그리하여 잘 살 것 같은 사람들 중에 이혼 소식이 들리는 경우가 많이 있다.

개그맨처럼 재미있는 사람들은 경쾌한 성향을 많이 띤다. 주로 즐거움을 추구하는 경향이 많은데, 도가 지나치지 않도록 매사에 신중을 기해야 한다. 도박 등 나쁜 길로 빠질 수 있기 때문에 늘 경계하는 자세가 필요하다.

배우는 개그맨과 성향이 다른 편으로 관리와 통제를 싫어하는 성격인 경우가 많다. 결혼을 안 하거나 늦게 하는 경우가 많은데, 결혼이 구속이라고 느끼기 때문이다. 또한 대중의 인기에서 더 큰 만족을 느끼는 경향이 있다. 아이를 낳고 가정을 꾸려 가는 행복보다는 대중에게 인기와 사랑을 받는 것을 우선시한다.

물론 건강한 가정을 유지하며 행복하게 결혼 생활을 하는 연예인도 많다. 그들은 자제할 줄 알며 또한 직설적인 언변을 삼가는 경우가 많다. 관상에서는 이런 점도 찾아볼 수 있다.

대표적 잉꼬커플로 최수종 하희라 부부를 들 수 있다. 최수종 씨는 눈이 유독 크고 얼굴이 반듯하다. 눈이 크면 겁이 많다. 진심으로 배우자를 사랑하는 마음과 더불어 명예를 잃는 것을 두려워하는 마음이 결혼 생활에 도움이 되었을 것이다. 자제력이 뛰어난 최수종 씨가 음양의 이치에 맞는 하희라 씨를 만나 연예계 대표 잉꼬커플이 됐다고 생각한다.

최악의 커플은 최근 세간을 떠들썩하게 했던 A와 B 부부이다. 남편 A씨의 경우 치아가 반듯한 편이 아니다. 관상에서 치아가 삐뚤면 성격이 예민하다고 본다. 까다롭고 예민한 성격은 화를 부르기 때문에 아마 가정에서도 화를 잘 냈을 것이다. 아내 B씨의 경우 예쁘고 반듯한 외모를 가졌지만 애교가 많은 상은 아니다. 때문에 화를 잘 내는 A씨와 맞지 않았을 것이라 생각한다.

그렇다면 연예인 커플이 헤어지지 않으려면 어떻게 해야 할까? 무조건 자제력이 있는 사람을 배우자로 만나야 한다. 연예인은 대중의 인기가 필요한 직업이다. 이미 대중의 인지도가 있기 때문에 쉽게 직업을 버릴 수는 없다. 따라서 연예인 배우자로는 스스로 자신을 제어할 줄 아는 사람이어야만 깨지지 않고 잘 살 수 있다.

성형수술로 운명을 바꿀 수 있을까?

사주팔자에 유독 가정이나 사회에서 부딪히고 깨진다고 풀이되는 글자를 많이 가진 사람들이 있다. 사주팔자 전문용어로 '형충파해刑 冲破害'라고 부른다. 일종의 살煞에 속한다. 이런 사람들은 대체로 얼굴이나 몸이 유독 좋지 않거나 다치는 경우가 많다. 부러지거나 깨지고 또는 흉터가 생기는 식이다. 이런 상황은 예정된 것일까? 얼굴에 상처나 흉터가 생기는 것이 과연 운명일까? 내 대답은 '그렇다'이다.

그렇다면 성형수술로 삶을 바꿀 수 있을까? 나는 바뀐다고 본다. 수술을 한다 해서 운명이 바뀌지 않지만 나쁜 운명을 살아야 되는 사람이 조금 다른 삶을 살 수 있지 않을까 하는 생각에서다. 얼굴에 있는 '상한다'의 의미는 여전히 남아 있겠지만 삶의 소소한 부분에서는 약간의 변화가 있을 것으로 본다.

내게 찾아온 사람 중 성형수술에 대해 묻는 사람도 꽤 있었다. 나는 수술 문의를 하는 사람들의 얼굴에 살이 있는지 없는지를 보았다. 성형을 그리 추천하지는 않지만, 사주팔자에 부딪히고 깨지는 살이 있는 경우나 수술에 대한 의지를 이미 밝힌 경우 성형수술을 추천했다.

손님 중에 준재벌과 결혼한 여성이 있었다. 결혼 전 관상을 보러 나를 찾아왔었는데, 그녀의 코가 예쁘지 않아 아쉬웠다. 그래서 나는 (보통 성형수술을 권하지는 않지만) 그녀에게 코 성형수술을 권했다. 성형수술 후 그녀는 바로 준재벌을 만나 결혼을 했고, 소문이 났는지 그녀의 친척과 친구들이 우르르 나를 찾아왔다. 그녀가 코 수술을 하지 않았다면 과연 그러한 일이 일어났을까? 나는 일어나지 않았을 것이라 생각한다. 왜냐하면 수술 후 얼마 되지 않아 그런 일이 일어났고, 그전에는 전혀 그러한 일이 없었던 사람이기 때문이다.

성형수술에 대해 조금 더 생각해 보자. 일반적으로 사람들은 얼굴로 인상을 파악한다. 나처럼 전문적인 관상 지식은 없지만 얼굴에 대해 사람들이 갖는 통념으로 인상을 보는 것이다. 한번 인상을 판단하면, 그 판단이 한 사람의 여러 가지 상황에 영향을 끼친다. 잘생김과 못생김과는 의미가 전혀 다르다. 신뢰감이 드는 얼굴, 예의 바른 얼굴, 단정해 보이는 얼굴로 보기 때문이다.

예전에 주름이 너무 깊어 나를 찾아온 사람이 있었다. 사업하는 남자였는데, 이 주름을 없애고 싶다고 했다. 나는 그에게 관상에서 주름은 좋지 않은 것이라고 말했다. (주름살이라고 얘기할 정도이고, 여기에서 '살'은 '죽일 살(殺)'을 말한다) 어떤 표정을 짓거나 인상을 썼을 때 주름이 깊게 생기는 것이 아닌, 가만히 있을 때도 주름이 너무 깊은 것은 고단한 삶을 부를 수 있는 나쁜 징후이다. 그는 성형수술을 통해서 주름을 없 앤 후 얼굴이 훨씬 나아졌다. 그러고는 나에게 주름을 없애기를 잘했 으며 영업을 할 때도 훨씬 자신감 있고 당당해졌다고 말했다. 그의 사 주팔자에는 유독 부딪힘, 깨짐 같은 살이 많았는데 성형수술을 통해 서 그의 인생이 보다 좋은 쪽으로 나아간 것이라 생각한다.

그렇다면 성형을 하면 배우자도 바뀔까?

단순히 성형을 했다고 해서 배우자가 무조건 바뀐다고 보기는 어렵 다. 사실 관상학에서 성형으로 운명이 '바뀐다', '안 바뀐다'는 말은 따 로 없다. 다만 성형으로 얼굴을 바꾸었을 때 마음에 변화를 일으켜 결혼뿐만 아니라 인생 전반에 영향을 미친다고 생각한다. 이런 차원에 서 나는 성형을 통해 배우자가 바뀔 수도 있다고 본다. 가능성이 있다 는 이야기이다. 대부분은 성형을 하더라도 자기가 바라는 이상형의 모 습은 대체로 크게 변하지 않는다. 경제력이든 배우자를 선택하는 기 준은 성형수술 전과 다름없는 경우가 많았다. 다만 성형을 한다는 것 은 자신감과 삶의 만족도를 높이는 데 도움이 된다. 그것으로 사람들 에게 인기를 얻고 이성운을 많이 불러일으킨다면 아무래도 자신에게 맞는 사람을 만날 수 있지 않을까 싶다.

내가 10년 동안 상담을 하면서 알고 지낸 많은 고객 중, 대학생 시절 쌍꺼풀 없는 눈으로 찾아와 "이런 사람을 만나고 싶어요"라고 말했던 사람이 있었다. 시간이 흘러 쌍꺼풀 수술을 한 후에 배우자의 모습이 이상형과 달랐던 경우를 본 적이 있다. 수술하지 않아도 같은 사람과 결혼했을 수도 있다. 하지만 성형을 한 뒤 자기도 모르게 음양론에 입각하여 배우자를 선택했다면 배우자의 외모가 바뀔 수 있다고 생각한다. 다만 인성과 같은 근본적인 문제는 성형을 통해서 변하기 어려우니 주의해야 한다.

한편 성형을 통해서 배우자의 운이 좋아지는 경우가 있다. 먼저 실제 사연을 통해 어떻게 성형으로 배우자의 운을 바꿨는지 들어보자.

직업군인으로 일하는 남편을 둔 부인이 있었다. 그런데 부인의 얼굴은 유난히 덕이 없어 보였다. 눈이 작고 눈매가 올라가서 매서워 보이기까지 했다. 이렇게 생긴 눈은 결단력이 있고 돈을 버는 데 재주가 있는 상이다. 남편은 직업군인으로서 명예로 무언가를 얻을 수 있는 상이었지만 부인은 덕스럽지 않은 상이었다. 남편은 직장상사에게 덕이 있는 사람으로 불려 명예를 높이고 싶어 했다. 이 때문에 부부가 나를 찾아온 것이다. 나는 부인에게 눈매가 너무 날카롭고 매서우니 메이크업을 바꿔 조금 부드러운 인상을 가지면 좋을 것 같다고 조언했다. 그 후에 부인은 눈매가 좀 더 부드럽게 보이는 시술을 받았고, 눈썹문신을 했다. 이후 다시 찾아와 어떠냐고 물었는데, 인상이 한결 부드럽고 웃는 모습이 좋아 보였다. 그리하여 아직은 웃는 모습이 어색하지만, 웃는 모습이 편안해질 쯤 되면 남편이 높은 자리로 진급할 것이라고 말했다. 시간이 흘러 부인이 다시 찾아와 남편이 드디어 높은 자리에 진급했다고 인사를 했다. 물론 성형 자체만으로 남편이 진급했다고 보기는 어렵다. 분명 남편의 노력도 있을 것이다. 그러나 같은 행동을 하더라도 성형을 통해 어떤 효과를 얻었다면 그 나름대로 의미가 있지 않을까? 부인의 얼굴 변화를 통해 남편이 결국 원하던 바를 이루었다고 생각한다.

또 다른 여성은 너무나 고단한 삶을 살고 있었다. 그녀의 남편은 술만 먹으면 폭행과 폭언을 일삼았다. 결국 그녀는 외동아들을 둔 채 남편과 이혼하고 집을 나왔다. 그러고는 나를 찾아왔다. 그녀의 얼굴은 좋지 않은 상이었다. 나는 그녀에게 이런 일을 겪을 수밖에 없는 상을 가졌다고 말했다. 그러자 그녀는 "도사님, 도대체 그럼 저는 어떻게 해야 하죠? 성형수술을 받으면 운명이 바뀔 수 있나요?"라고 물었다. 나는 장담할 수 없다고 했다. 평소 성형보다는 사람의 마음 씀씀이가 운을 결정한다고 보기 때문이다. 그녀는 광대가 유난히 튀어나왔고 사나운 눈매를 갖고 있었다. 때문에 성형수술로 광대뼈를 깎고 쌍꺼풀을 만들 것이라고 했다. 그리고 살이 없는 볼 부위에 지방이식을 할 거라고 했다. 나는 걱정됐지만 그녀의 의지를 꺾을 수는 없었다.

그녀는 수술 후 새로운 남자를 만나 새 가정을 꾸렸다. 그리고 다시 나를 찾아왔다. 그녀는 자신은 좋은 사람을 만나 매우 만족스럽고 행복한 삶을 살고 있는데, 남겨진 아들이 궁금해 어떻게 할 수 있는지 물어보려고 찾아온 것이었다. 수술 후 그녀의 인상은 확실히 좋아졌다. 성격도 많이 누그러졌다. 장담할 수는 없지만 성형수술을 받은 후 실제 배우자 유형이 바뀐 경우가 아닐까 싶다. 지금 만난 배우자는 어느 정도 경제력이 있고 성격도 좋았다. 처음 만난 배우자와는 너무나 다른 사람이었다.

성형으로 모든 게 해결되었다고 볼 수는 없지만 적어도 관상에서 흉하다고 하는 상을 가진 사람도 성형수술을 거치면서 운명이 바뀐 사례라고 생각한다. 특히 이 경우에는 배우자 자체가 바뀌었다. 개인적인 의견을 덧붙이자면 그녀가 얼굴을 고치지 않고 과거의 얼굴 그대로 살았다면 전남편과 다른 사람을 만나기는 힘들었을 것이다. 아마 전남편과 비슷한 사람을 만나 예전과 비슷한 삶을 살지 않았을까?

마지막 사연은 대기업에 다니는 남편의 이야기다. 남편은 부인과 함께 찾아와 임원 승진이 뜻대로 되지 않는다고 고백했다. 나는 남편의 관상을 보고 눈썹에 힘이 약한 편이니 힘이 있어 보이는 눈썹 모양을 인위적이라도 만드는 게 어떻겠냐고 조언했다. 그 후 남편은 눈썹문신을 했고 인상이 확실히 강해졌다. 게다가 키도 큰 데다가 체격도 좋아서 눈썹문신을 하니 훨씬 리더십 있는 사람으로 바뀌었다. 이후 순조롭게 승진을 하였다고 한다. 이 경우는 배우자의 성형으로 좋은 운을 얻은 경우는 아니지만 부인 역시 함께 덕을 보았다. 부인은 친구들 앞에서 당당해졌고 남자답게 변한 남편과 함께 자신감 있는 삶을 살고 있다.

이처럼 성형을 통해 배우자의 운이 좋아진 사례는 꾸준히 있는 편이다. 여기서 한 가지 조언을 하자면 배우자의 운을 더욱 좋게 만들려면 성형한 사람의 얼굴이 배우자의 직업에 어울려야 한다는 것이다. 날카로운 눈과 사나운 인상을 가진 여성이 대기업이나 조직을 이끌어 가는 사람의 부인이라면 성형을 통해서라도 덕이 있어 보이는 얼굴이 낫다.

인기를 끄는 얼굴은 따로 있다

대중에게 인기를 끄는 연예인들은 어떤 관상을 타고났을까?

먼저 가수이자 배우인 설현 씨를 살펴보자. 설현 씨는 팔다리가 길고 신체의 비율이 균형 잡힌 체상體相을 타고났다고 할 수 있다. 체상이란, 신체의 골격과 살 그리고 각 부위의 균형과 조화를 말한다. 이 경우 얼굴의 상이 좋고 체상이 나빴을 때보다 얼굴의 상이 다소 나쁘더라도 체상이 좋으면 복이 더 많다. 설현 씨의 경우, 얼굴뿐만 아니라 체상의 조건 또한 아주 좋은 예에 속한다.

이어서 다른 관상을 짚고 넘어가자면, 먼저 이마의 라인[발제(髮際)라고 한다]은 계란형으로 촘촘하고 가지런하다. 제법 커다란 귀를 가지고 있으며, 적당한 때를 만나면 이름을 더 크게 날릴 수 있다. 얼굴형은 턱[지각(地閣)]과 귀까지의 라인이 잘 드러나 있어(이 부분도 재물의 창고로 본다), 덕(사람의 복)과 복(재물의 복)이 많아 전반적으로 덕과 복에선 무난하게 갈 상이라 할 수 있다.

다음으로 길고 선명하게 보이는 눈을 가지고 있다. 눈빛에 힘이 잘 모여 있고, 반짝거린다. 단아하다는 상이 주로 이렇다. 따라서 말이 느리고 말수가 적은 내성적인 상으로 보인다. 코는 오똑하지만 크게 높거나 뾰족하지 않다. 코가 뾰족하면 지성의 수준은 높아질 수 있으나 인덕이 약하고 복을 부르는 힘이 약하다. 그런 면에서 설현 씨는 재물복을 부르는 코를 가지고 있다고 할 수 있다. 입은 얼굴에 비해 큰 편이다. 이는 사회 활동을 왕성하게 하게 되는 관상이다. 실제로 데뷔부터 왕성한 활동과 함께 이름을 날린 것을 보면 입이 가진 복을 무시할 수 없다(관상가로써 입이 가진 복도 큰 이유라 생각한다).

초년을 상징하는 귀가 좋은 것으로 볼 때, 청소년과 30세 전까지의 운세는 아주 좋을 것으로 예상된다. 그 이후, 현업과는 다소 다른 일을 할 가능성이 많아 보인다.

다음은 가수와 배우 활동을 병행하고 있는 수지 씨에 대해서 알아보자.

수지 씨도 설현 씨와 어느 부위에서는 비슷한 상을 보인다. 그러나 세부적으로 들어가면 다소 차이가 있다.

얼굴형은 동그랗고, 눈은 크고 선명하다. 특히 눈썹의 모가 많고 선명한데, 함께 일하는 동료들의 복이 좋다고 할 수 있다. 귀도 역시 크고 누툼하여 명성을 크게 떨칠 수 있다. 제법 입이 큰데, 그 모양이 상당히 뚜렷하고 선명하다. 이는 나중에 학업에 뜻을 두고 공부를 더 할 수 있는 상이라 할 수 있다. 입은 사회 활동을 의미하므로 앞으로도 왕성한 활동을 할 것으로 보인다.

턱과 귀가 이어진 부분에 살집이 제법 있어 재물복이 크다는 것을 알 수 있다. 또한, 눈 아래 와잠臥蠶이라고 불리는 애교살이 제법 도톰하게 있다. 만약 결혼을 일찍 한다면 자식을 많이 볼 상이기도 하다. (그러나 현대에서는 와잠이 풍부해도 결혼을 안 하거나 자식을 많이 낳지 않는 경우가 흔히 있다.)

다음은 배우 천우희 씨에 대해 이야기해 보려고 한다.

눈꼬리가 약간 올라간, 오행으로는 화火형에 속하는 눈을 가지고 있다. 귀가 약간 아쉽지만 이마가 꽉 차 있어 귀를 보완해 준다. 초반에 고생할 수 있지만 후에 명성을 얻을 상이다. 화형은 특히 문화예술에서 뛰어난 능력을 발휘하는데, 눈과 얼굴이 화형에 속하는 천우희 씨의 경우 표현력이 풍부하여 앞으로 남다른 활약을 할 것으로 보인다. 특히 입술의 경우, 양끝이 올라가고 인중이 또렷하며 얇은 듯하나 선명한 원숭이상의 입술로 재주가 많고 머리가 좋으며 임기응변이 뛰어나다고 할 수 있다. 턱을 뜻하는 지각이 단단하고 귀 밑 턱까지의 뼈가 드러나 있지만, 그 부분에 살집이 없는 것이 약간 아쉽다. 그러나 재물복을 위해서가 아니라, 표현력이 풍부한 배우로서의 삶을 살길 원한다면 오히려 자신이 느끼는 행복감은 더 큰 편이라고 할 수 있다.

이어서 배우 송중기 씨에 대하여 알아보자.

우선 귀를 보니 살집이 많지 않고, 이마는 꽉 차 있다. 해석하면, 귀 때문에 한 번에 큰 명성을 얻진 못해도 30세 전의 운세는 아주 길하고 좋다고 말할 수 있다. 또한, 모양이 뚜렷하지는 않지만 웃을 때 초승달이 엎어진 듯 보이는 눈은 인기를 크게 끌 상이다. 특히 눈썹이 눈 길이보다 훨씬 긴, 아주 귀한 상을 갖고 있다. 코의 경우, 오뚝하고 선명한데, 이는 지성적인 면모가 두드러지는 부분이다. 참고로 지성을 보는 부위는 학당學堂이라고 알려져 있는데 귀, 미간, 코, 입을 말한다.

입술은 얇지만 길게 뻗어 있는데, 주위에도 이러한 입술을 흔히 볼 수 있다. 이 경우, 이성을 부른다고 하여 도화의 입술이라고 하기도 한다. 또한 턱인 지각이 단단해 보이고, 턱과 귀까지의 뼈가 잘 발달해 있다. 전체적으로 좋은 상이라 할 수 있다.

마지막으로 배우 김수현 씨에 대해서 보려고 한다.

김수현 씨의 눈은 천우희 씨와 마찬가지로 눈꼬리가 위로 올라간 화火형의 눈이다. 때문에 문화, 예술, 예체능에 재능이 엿보이는 상이다. 이어서 눈썹은 두껍고 짙은데, 주변 동료나 친구 형제의 덕과 복을 얻을 수 있는 눈썹이다. 귀는 큼지막하여, 여러 방면에서 힘을 얻을 상으로, 명예를 얻을 때에는 크게 얻는다. 입꼬리가 약간 올라갔지만, 입술이 두툼하고 인중이 뚜렷하여 대중의 사랑을 받을 수 있다. 다만 입술이 원숭이 입술처럼 약간 얇았더라면, 조금 더 귀하게 될 수 있었을 거라고 생각한다. (입꼬리가 올라간 입술은 원숭이 입술이라 하여 귀하게 보는데, 이 경우 대부분 입술이 얇다.)

전체적으로 얼굴을 보았을 때 15세까지 운이 좋고, 15세에서 30세까지 크게 흥하며 명성을 얻는다. 더욱이 30세 이후가 더욱 길해 보이는 상으로, 앞으로의 활동이 기대된다.

　이처럼 대중의 사랑을 한 몸에 받고 있는 연예인의 경우, 그 상을 타고난 예가 많다. 그러나 중요한 것은 자신의 재능을 깨닫고 노력하는 것이다. TV에서 흔히 들려오는 연예인의 성공담은 관상 하나만 믿고 연예계에 뛰어든 것이 아님을 증명한다. 아무리 관상이 좋더라도 자신의 재능을 과소평가하거나 혹은 과대평가하여 대처한다면 결코 성공할 수 없다.

3장

관상으로
본 얼굴

나부터 알아야 상대가 보인다

이 장에서는 나의 얼굴이 어떤 상에 해당하는지를 알아보도록 하겠다. 이를 위해서는 굉장히 많은 관상 지식이 필요하다. 모두 쓰기에는 매우 방대하여 현실적으로 어려우니 최소한 내 얼굴이 어떤 형태인지 파악할 수 있도록 간략하게 설명하겠다.

내 얼굴의 관상은 어떤 방법으로 알아낼 수 있을까? 먼저 오행으로 구분할 수 있다.

첫째, 목木형은 야윈 듯 키가 크다. 입이 크고 눈이 반짝거리면 귀한 사람이 된다. 얼굴은 살이 별로 없고 길쭉한 편이다. 피부색이 어두운 색이면 좋다. 다만 자세가 바르지 않고 뼈가 튀어나와 보이면 흉하니 주의해야 한다. 자세가 바르지 않으면 몸이 좋지 않아 병에 잘 걸려 고생할 수 있다. 특히 뼈가 튀어나와 보이면 더욱 그렇다. 반면 말라 보이나 자세가 바르면 허리가 튼튼해 병으로 고생하지 않는다. 목형은 주로 기자, 학자에 많다. 성장 욕구가 강하고 배움에 욕심이 있어 항상 하루를 바쁘게 보낸다. 목형의 단점은 중간에 포기하는 경우가 많다는 것이다. 욕심은 많아 일을 여럿 벌려 놓지만 성과를 잘 내지 못한다.

둘째, 화火형이다. 화형은 얼굴의 윗부분이 뾰족하면 아랫부분이 넓고, 윗부분이 넓으면 아랫부분이 뾰족한 특징이 있다. 얼굴은 주로 빨간 편이며 머리털과 수염이 적은 편이다. 신체적으로는 발끝과 손끝, 그리고 정수리가 뾰족하다. 배가 나오고 입이 크면 흉하니 주의해야 한다. 화형의 장점은 민첩하고 날렵하기 때문에 순발력을 요하는 일에 발군이라는 것이다. 다만 큰 부자가 되기는 힘들다. 급하고 욱하는 다혈질 성격 탓에 성급하게 일을 해결하려다 그르치는 경우가 잦다. 솔직하지만 말실수가 많아서 인간관계에 곤욕을 치르는 경우도 있다. 다만 화형임에도 불구하고 이런 일을 겪지 않는 사람은 후에 크게 될 수 있다.

셋째, 토土형은 얼굴과 몸에 살집이 있고 두툼하다. 특히 등에 살집이 있어 더욱 두껍다. 피부는 주로 어둡고 목과 손가락은 짧고 굵은 편이다. 말이 적으며 표정의 변화가 거의 없다. 때문에 종종 무관심하다는 오해를 받기도 한다. 하지만 토형은 인간관계에서 무엇보다 신의를 중요시하고 책임감이 강하다. 그래서인지 금융이나 중개업 등 신뢰가 중요한 직종에서 능력을 발휘한다. 하지만 유머가 없고 융통성이 부족한 탓에 서비스업은 불리한 편이다. 토형은 연애는 잘 못하지만 결혼은 잘하는 편이다.

넷째, 금金형은 피부가 하얗고 얇으며 모공이 좁다. 몸에 지방이 별로 없다. 때문에 조금만 운동을 해도 근육이 잘 생기고, 설사 운동을 하지 않더라도 살이 잘 찌지 않는다. 금형은 얼굴뼈가 유난히 각이 져 있다. 좋은 금형의 얼굴은 눈썹이 선명하고 입술과 치아가 고른 얼굴이다. 목소리에 약간 쇳소리가 섞여 있으면 더욱 좋다. 성격은 단호하고 결단력이 있다. 때문에 체격이 크면 군인이나 경찰, 보안업계 쪽에서 일하는 경우가 많다. 주로 공부보다는 운동이나 무술 등에 재능을 많이 보인다. 금형의 단점은 성격이 과격하다는 것이다. 또한 술로 문제를 일으키는 사람이 많다.

마지막으로 수水형이다. 수형의 피부는 하얗고 윤기가 있다. 피부에 탄력이 있을수록 좋다. 근육은 적은 편이다. 얼굴이 동그랗고, 타고나기를 뚱뚱한 사람이 많다. 또한 눈이 크거나 쌍꺼풀이 있는 경우도 많다. 여성의 경우 애교가 많고 친절하다. 사람들에게 다정하게 대하며 천성적으로 밝고 긍정적이며 낙천적이다. 때문에 영업이나 서비스업 분야에서 일하는 것이 좋다. 하지만 감정 기복이 심해 혼자 있으면 자주 우울해하는 단점이 있다. 또한 인내심이 부족해 끝맺음을 잘하지 못하기도 한다.

언뜻 보면 토형과 수형이 비슷해 보인다. 두 형의 차이는 손을 보면 알 수 있다. 토형의 손은 뭉뚝하고 두껍고 손가락이 짧은 반면, 피부는 어두운 편이다. 수형의 손은 뭉뚝하지 않고 예쁘다. 피부는 곱고 하얀 편이다.

이번에는 관상학의 교과서라 할 수 있는 《마의상법》 중 일부를 참고한 내용이다. 《마의상법》은 중국에 진희이陳希夷라는 사람이 산에서 수도하던 인도의 고승으로부터 관상을 그림으로 전수받아 만든 책이다. 당시 그 고승이 마로 만든 옷을 입었다 하여 '마의상법'이라고 전해졌다고 한다. 《마의상법》에는 '관인팔법觀人八法'이라는 것이 있는데, 사람의 형태를 8가지로 구분해 놓은 것이다.

《마의상법》 원문에 해설을 달고 괄호 안에 원 내용을 담아 설명하겠다. 한문을 함께 기재하는 것은 동양학은 한자에 철학적 기반이 있기 때문이다. 한자를 하나하나 같이 읽으면 자연스럽게 뜻에 통할 수 있고, 더 많은 것을 깨우칠 수 있다.

첫째는 위엄이니, 위엄이 있고 용맹스러운 상이다.

(一曰威, 威猛之相.)

존엄하고 두려운 마음이 들며, 주로 권력을 갖는 상이다. 기백 있는 해동청海東靑(매)이 토끼를 잡으니 모든 새가 놀라는 듯하고, 노한 범이 숲에서 나오니 모든 짐승이 스스로 두려워 떠는 듯하다. 모습이 엄숙하여 사람들이 스스로 두려운 마음을 갖게 된다.

(尊嚴可畏謂之威, 主權勢也. 如豪鷹搏兎而百鳥自驚, 如怒虎出林而百獸自戰. 蓋神色嚴肅而人所自畏也.)

위엄이 있고 용맹스러운 상인 위맹지상威猛之相을 지닌 사람은 타고 나기를 위엄이 있어 다른 사람들이 그를 두려워한다. 주로 눈썹이 짙고 눈썹 끝이 위로 올라가 있다. 눈매가 가늘고 길며 눈빛이 예리하다. 또, 말수가 적으며 냉정하고 이성적이다. 주로 고위직 군인이나 경찰, 법관에 많다.

둘째는 후함이니, 중후한 상이다.

(二曰厚, 重厚之相.)

신체와 얼굴이 두툼하고 중후하며, 주로 복을 누리게 된다. 그 크기가 푸른 바다와 같고, 그 그릇이 만석을 실은 배와 같다. 끌어도 끌려오지 않고 흔들어도 움직이지 않는다.

(體貌敦重謂之厚, 主福祿也. 其量如滄海, 其器如萬斛之舟. 引之不來而 搖之不動也.)

이러한 상을 지닌 사람은 얼굴과 몸에 살집이 많고 윤택하다. 성격이 중후하여 쉽사리 남의 말에 이끌리지 않는다. 또, 인품이 너그럽고 통이 크다. 재물복이 많아 주로 재벌이나 사업가에 해당된다.

셋째는 맑음이니, 청수한 상이다.

(三曰淸, 淸秀之相.)

맑음이란 정신이 뛰어나고 빼어난 것을 맑다고 한다. 마치 계수나무 중에 빼어난 가지와 같고, 곤륜산에 한 조각 옥과 같아 자태가 맑고 상쾌하며 고상하고 수려하여 티끌도 더럽힐 수 없다. 그러나 맑기만 하고 중후하지 않으면, 경박스럽고 복이 없을 수 있다.

(淸者, 精神翹秀謂之淸. 如桂林一枝, 崑山片玉, 灑然高秀而塵不染. 或 淸而不厚, 則近乎薄也.)

총기를 타고난 선비의 상이다. 이 상은 눈에 총기가 가득하다. 두뇌 회전이 빨라 비상하고 수재인 인물이 많다. 학자, 과학자, 연구원, 발명

관상궁합

가 등이 대표적이다. 그러나 몸이 튼튼하지 않으면 박복할 수 있으니
주의해야 한다.

넷째는 기이함이니, 고괴한 상이다.
(四曰古, 古怪之相.)

고괴함이란 뼈가 바위처럼 딱딱하고 모서리 같은 것이다. 고괴하기만 하
고 청수하지 않으면, 속됨에 가깝다.
(古者, 骨氣巖稜謂之古. 古而不淸, 則近乎俗也.)

고괴지상古怪之相이란 괴이하게 생긴 상으로 놀란 토끼나 원숭이 등
동물이나 바위를 닮은 얼굴이다. 고괴지상이며 청수한 인물 중에는
특별한 재주를 가진 사람도 있다. 또, 남들이 생각지 못한 분야에서
성공한 인물이 많다. 대표적인 직업은 과학자, 예술가, 종교인이다. 청
수하지 못하고 괴이하기만 하다면 가난하고 몸이 아플 수 있다. 또한
평생 결혼하지 않고 자식이 없거나 혹은 늦게 자식을 얻을 수 있다. 스
님 중에 이런 상이 많다.

다섯째는 외로움이니, 외롭고 추운 상이다.
(伍曰孤, 孤寒之相.)

고독한 상이란 체형과 골격이 외롭고 추운 듯한 것이다. 목이 길고 어깨를
움츠린 듯하며 정강이가 오자형이 많고 머리가 한쪽으로 쏠려 있다. 앉은

자세로 한자리를 오래 유지하지 못하고 어수선하다. 일생이 고독하다.
(孤者, 形骨孤寒, 而項長肩縮. 腳斜體偏. 其坐如搖, 其行如攫. 又如水邊獨鶴, 雨中鷺鷥. 生成孤獨也.)

고한지상孤寒之相이란 고독함을 타고난 상을 말한다. 처량한 듯 고개를 옆으로 기울이거나 앞으로 떨구고 한숨을 자주 쉰다. 목이 가늘고 길며 어깨를 움츠리고 다닌다. 다리와 정강이에 살이 없다. 다리가 가늘고 오자 다리가 많다. 잠시도 한곳에 오래 앉아 있지 못하고 돌아다니기를 좋아한다. 종교인 중에 많은 상이다.

여섯째는 박복함이니, 박복하고 나약한 상이다.
(六曰薄, 薄弱之相.)

박약한 상은 신체와 면모가 열악하고 형상이 가볍다. 기가 약해 겁먹은 듯하다. 기색이 어둡고 침침하며, 눈에 정기가 밖으로 드러나 숨겨지지 않았다. 한 조각배가 큰 파도 위에 떠 있는 듯함으로 미약하고 박복함을 알 수 있다. 주로 가난하고 천하며 먹을 것이 있다 해도 일찍 요절한다.
(薄者, 體貌劣弱, 形輕氣怯, 色昏而暗, 神露不藏. 如一葉之舟, 而泛重波之上. 見之皆知其微薄也. 主貧下, 縱有食必夭.)

박약지상薄弱之相을 지닌 사람은 기질이 나약해 보인다. 몸이 튼튼해 보이지 않으며 인품도 중후하지 않다. 겁먹은 듯 상대를 똑바로 응시하지 못한다. 말끝이 분명치 않고 할 말을 하지 못하고 주저한다. 또한 기가 약해 결단성이 부족하여 큰일을 하지 못하고 가난하게 살 가능성이 있다. 갑자기 부자가 되면 병에 걸리고 수명이 짧을 수 있다.

일곱째는 악이니, 악하고 완고한 상이다.
(七曰惡, 惡頑之相.)

악한 상은 신체와 면모가 흉악하고 고집스럽다. 뱀이나 쥐와 같은 형상에 승냥이나 이리 같은 음성을 지녔고, 성정이 포악하고 신기가 밖으로 드러나 있다. 골육을 죽이고 패륜하는 등, 주로 흉폭하여 아름다움이 부족하다.
(惡者, 體貌兇頑, 如蛇鼠之形, 豺狼之聲, 或性暴神驚. 骨傷節破, 皆主兇暴, 不足爲美也.)

악완지상惡頑之相은 외모가 흉악해 보이고 성격은 고집스럽다. 노루 머리처럼 뒤통수가 납작하고 얼굴이 갸름하며, 눈동자는 쥐의 눈처럼 작고 검다. 눈꺼풀 아랫부분을 예리한 칼로 오려 낸 듯하다. 얼굴의 양 광대뼈가 옆으로 튀어나왔거나, 눈 아래까지 솟아 있는 경우가 많다. 뱀이나 쥐와 같은 형상에 승냥이나 이리 같은 목소리를 지녔다고 말하기도 한다. 마치 학자인 듯 행세하지만 도둑이나 사기꾼일 따름이다. 뱀의 눈을 지닌 사람은 성정이 독하고 흉폭하여 부모를 때리는 경우도 있다. 한편, 뱀의 눈이나 양의 눈, 벌의 눈을 지니면서 이리나 늑대와 같은 목소리를 가진 사람은 부모나 형제를 죽이고 집안을 망하게 한다.

여덟째는 속이니, 속탁한 상이다.

(八曰俗, 俗濁之相.)

속탁한 상이란 형상과 면모가 어둡고 탁하여, 마치 흙먼지에 덮인 물체 같다. 생각하는 마음이 좁고 속되다. 의식衣食이 있다 해도 막히는 일이 많다.

(俗者, 形貌昏濁, 如塵中之物, 而淺俗. 縱有衣食, 亦多迍也.)

속탁지상俗濁之相에 속하는 사람은 얼굴에 뼈가 드러나 있고 늘어진 살이 많다. 또한 면모가 꾀죄죄하다. 생각과 행동이 속되고 잡기에만 능하다. 반복적으로 일하는 직업을 가지면 일생 동안 괴로운 일을 많이 겪는다.

십이궁으로도 자신의 관상을 알아볼 수 있다. 십이궁이란 얼굴을 12부위로 나누고 각 부위마다 주관하는 운명을 표시한 것이다. 그 부위의 생김새를 보고 관상의 좋고 나쁨을 판단한다. 십이궁은 관상학의 기본이 되는 가장 중요한 부분이다. 십이궁을 제대로 알면 반쪽짜리 관상가라 할 수 있다. 이에 대한 자세한 이야기는 '부록-간단히 보는 관상 기술'에서 이야기하겠다.

십이궁을 토대로 각 부위를 자세히 살펴보자.

먼저, 살과 뼈를 보면, 살은 뼈를 감싸고 피를 만들어 낸다. 마치 대지가 만물을 낳고 기르는 것과 같다. 뼈가 양이라면 살은 음이다. 음양은 어느 한쪽이 발달하는 것보다 골고루 적절한 것이 좋다. 음이 부족하면 양이 기댈 수가 없다. 즉, 살이 부족하면 뼈가 곧게 설 수 없는 것

관상궁합

이다. 뼈는 튀어나온 곳이 없고, 도드라지지 않을수록 좋다. 뼈가 연약하면 병이 많고, 얇고 가벼우면 흉하다. 특히 수명에 큰 영향을 준다. 지나치게 살이 찌면 숨을 헐떡이게 되는데, 이는 수명이 단축된다는 징조이다.

살에서 향기가 나는 사람은 귀한 사람이다. 특히 꽃향기가 난다면 더욱 귀한 것으로 본다. 살은 늘어지거나 탄력이 없으면 좋지 않다. 피부가 칙칙하고 거칠며, 악취가 나고 사마귀 같은 흉터가 많은 것 또한 좋지 않은 상이다. 귀한 사람의 살은 매끄럽고 홍색을 띤다. 마치 솜처럼 부드럽다면 일생에 흉함과 재앙이 적다. 반면 어두운 느낌이라면 막히는 일이 많다. 털이 많다면 성격이 세고 급한 사람으로 본다.

다음은 신체의 각 부위다.

사지四肢(팔다리)에 머리를 더해 오체五體라고 부르며, 이는 오행을 상징한다. 여기에서 사지는 사계절을 상징한다. 사계절이 조화로울 때 만물이 제대로 성장하는 것처럼 오행 또한 조화로워야 한다. 균형이 맞지 않으면 일생을 힘들게 보낼 수 있다. 사지가 단정하지 않으면 피곤한 삶을 산다. 또한 사지는 나뭇가지와 같다. 곧은 나무처럼 반듯해야 하고 이끼와 같이 매끄러워야 한다. 나무에 마디가 너무 많아도 쓸모가 없듯 손발은 부드럽고 매끄러워야 한다. 근육이나 뼈가 튀어나오지 않고 옥 같이 희면 좋다. 솜처럼 부드럽다면 부귀를 누린다. 힘줄이나 뼈가 튀어나오거나 흙처럼 거칠고 돌처럼 딱딱하다면 가난하다고 본다. 잡목처럼 구불구불하거나 살이 부어 보이는 것도 마찬가지다.

머리는 몸에서 가장 중요한 부위이다. 마치 하늘과 같은 부위라 할 수 있다. 양 기운의 응집처이자 오행의 밀집처이기도 하다. 머리뼈는 크고 볼록해야 좋다.

얼굴은 오악과 사독이 유난히 튀어나온 곳이 없이 조화를 이루며 삼정의 균형이 맞아야 한다. 이마, 코, 턱, 양쪽 광대를 오악五嶽, 귀, 눈, 코, 입을 사독四瀆이라 부른다. 삼정三停이란 얼굴을 세로로 3등분으로 나눈 것이다. 머리끝부터 눈썹까지가 상정上停, 눈썹부터 코끝까지가 중정中停, 코끝에서 턱 끝까지가 하정下停이다. 얼굴은 부와 명예를 판단하는 기본이다. 모양이 단정하고 기가 온화할수록 좋다. 얼굴이 보름달처럼 둥글고 밝다면 귀한 사람이다. 얼굴에 살이 많고 성격이 순하면 부유하다. 몸은 통통한데 얼굴이 말랐다면 수명이 길다. 이마는 넓고 두툼한 것이 좋다. 이마가 길다면 모나야 한다.

귀, 눈썹, 눈, 코, 입, 치아는 모양마다 명칭이 정해져 있고 관상에서 특히 주목하는 부분으로 상세히 설명하겠다. 이 내용들은 관상학 고전 중 하나인《마의상법》의 내용을 대부분 참고하였다.

귀

귀는 수명, 건강, 재물 그리고 명예를 보는 데 중요하다. 귀는 뇌와 연관성이 많으며, 신장이 건강하면 귀가 잘 들린다. 귀의 색깔이 어둡거나 귀가 단단하지 못하고 흐물거리면 흉하다.

1. 금이(金耳)

나이가 들어서 아내와 자식을 극한다(老妻刑子)

금金형의 귀이다. 귀의 위치는 눈썹보다 약 3센티미터 정도 높고, 윗부분의 윤곽이 작은 편이다. 귀가 얼굴보다 하얗고, 귓불이 있으면 물질적으로 풍요롭고 명예도 얻을 수 있다. 또한 고위급 공직 자리에 오를 수 있다. 노년에는 자식복이 없으며, 홀로 외롭게 지낼 수 있다.

2. 목이(木耳)

하루걸러 굶주린다(無隔宿糧)

목木형의 귀이다. 귀의 모양을 보면 귓바퀴가 뒤집혀 있다. 이러한 귀는 집안이 물질적으로 빈약하고, 가족들과 관계가 좋지 않다는 것을 상징한다. 얼굴의 다른 부위도 좋지 않다면 가난하고 어렵게 살아갈 수 있다.

3. 수이(水耳)

널리 이름을 드날린다(名馳海宇)

수水형의 귀이다. 귀의 모양이 두툼하고 둥글며, 눈썹보다 높이 있다. 귓불의 살이 두툼하게 있고 단단할수록 좋다. 귀의 생김새가 큰 편이고, 힘 있어 보인다면 물질적으로 풍요롭고 명예를 얻을 수 있다. 정치인에게서 많이 볼 수 있다.

4. 화이(火耳)

나이가 들어도 매사가 편하지 않다(老無安逸)

화火형의 귀이다. 귀가 눈썹보다 높이 있다. 귀의 윤곽이 뾰족하고 뒤집혀 있다. 귓불이 두툼하더라도 좋은 상이 아니며 오히려 자식운이 없다. 미간과 눈 밑의 살이 볼록하게 있으면 오래 산다.

5. 토이(土耳)

나랏일에 도움이 되는 일에 참여한다(序列朝班)

토土형의 귀이다. 귀 모양이 크고 두툼한 편이며, 홍색으로 빛난다. 귀가 길쭉하면 금전운도 있고, 명예운도 있다. 고위 공직에서 오랜 기간 동안 일할 수 있으며, 국가에 이바지하는 직업을 가진 사람이 많다.

6. 기자이(棋子耳)

번성하여 성장함이 오랫동안 이어진다(興創流遠)

귀의 모양이 마치 바둑돌 같다 해서 붙여졌다. 귀가 둥글고, 그 윤곽이 뚜렷하다. 이런 귀는 자수성가로 성공할 수 있다.

7. 호이(虎耳)

위엄이 있으나 많이 음험하다(威嚴莫犯陰富)

호랑이 귀를 뜻한다. 귀의 크기가 작고, 그 윤곽이 거칠다. 얼굴 정면에서 볼 때는 귀가 보이지 않는다. 이런 모양의 귀를 가진 사람은 간사하고 꾀가 많지만, 그 사람의 가치를 인정받거나 위엄을 보이기도 한다.

8. 전우이(箭羽耳)

초년에는 물질적으로 풍요롭지만 말년에는 가난하니 재물 관리를 잘하라(先盈後窘)

귀의 모양이 화살의 살깃 같이 길쭉하고 좁다. 귀의 윗부분이 눈썹보다 3센티미터 이상 높이 있으며 귓불에 살집이 없다. 집안에 상속받은 돈이 많더라도 관리를 못해 가난해질 위험이 많다.

9. 저이(猪耳)

가난하여 실패하고 흉악하게 망한다(貧敗兇亡)

돼지의 귀를 뜻한다. 귀의 가장자리가 없으며, 귀가 두껍고 귓불이 있어도 물질적으로 풍요롭거나 명예를 얻을 수 없다. 말년에는 힘들게 살 수 있다.

10. 저반이(低反耳)

풍요로운 물질이 흩어지고 없어져 길 위에서 죽는다(耗散路死)

귀가 얼굴을 기준으로 비교적 낮게 위치해 있다. 그리고 그 모양이 뒤집혀 있다. 저반이는 귀의 가장자리 부분이 뒤로 접혀 있고, 안쪽 부분은 겉으로 튀어나와 있다. 어릴 때부터 매우 외롭고 쓸쓸하며, 집안에 재물이 풍족하더라도 결국에는 그 재물을 잃어버린다.

11. 수견이(垂肩耳)

하늘 아래 단 한 사람에 속한다(天下一人)

귓불의 모양이 길게 늘어져 있다. 전체적으로 귀에 살이 많으며 귀의 테두리가 뚜렷하다. 귀의 상단 부분이 눈썹보다 높이 위치해 있고, 그 색깔이 분명하다. 이런 귀를 가진 사람의 머리가 둥글고 이마가 넓으면 귀하다. 큰 명예를 얻을 수 있으며, 배우자운이 있다.

12. 첩뇌이(貼腦耳)

복과 행복이 합하여 함께 이루어진다(福祿幷臻)

귀가 머리의 상단 부분에 위치해 있는 것 같아 보인다. 얼굴의 윗부분에 붙어 있고, 귀의 테두리가 뚜렷하다. 귀의 모양이 눈과 눈썹을 누르는 듯하다. 이러한 귀를 가진 사람은 고고하고, 성품이 너그럽고 현명하다. 집안 또한 명예가 있다.

13. 개화이(開花耳)

집안의 토지나 재산을 전부 팔아 버려서 물질적으로 빈곤해진다(賣盡田園)

귀의 테두리 부분이 활짝 핀 꽃 같다는 뜻으로, 귀가 얇아 남의 말을 줏대 없이 잘 듣는다. 재물이 풍족하더라도 결국에는 물질적으로 빈곤한 상태에 이르게 된다.

14. 선풍이(扇風耳)

기근이 들어 삶이 무너지고, 결국 객지에서 죽는다(敗盡客死)

부채꼴 같은 귀라는 뜻이다. 귀의 모양이 정면을 향해 있다. 유복한 집안에서 태어나 풍족한 삶을 살지만 중년에는 빈곤하게 산다. 그리고 노년에는 외롭고 쓸쓸하며 매우 가난한 상태에 이를 수 있다.

15. 서이(鼠耳)

가난하고 궁색하며 운이 흉하여 삶이 실패할 수 있다(貧寒凶敗)

쥐의 귀를 뜻한다. 귀가 눈보다 위에 있으며, 귓불 없이 끝이 날카롭고 뾰족하다. 쥐처럼 남의 물건을 빼앗거나 훔쳐서 감옥에 갈 수도 있다.

16. 려이(驢耳)

급히 질주하듯 하루하루를 살아간다(奔馳度日)

당나귀의 귀를 뜻한다. 귀의 테두리가 선명하고 두껍지만 야무지고 튼튼하지는 않다. 귓불 모양이 뒤집힌 것처럼 보인다. 이런 귀 모양을 가진 사람은 궁핍하고 고되게 산다. 또한 하는 일을 매번 실패하거나 그 길이 막힐 수 있다.

눈썹

눈썹은 얼굴의 인상을 좌우한다. 인상을 가장 분명하게 나타내는 눈썹은 눈의 지붕이자 꽃이다. 귀한 사람인지 아닌지를 판단하는 데 있어서 먼저 보는 부위 또한 눈썹이다. 눈썹이 가늘고 평평하면서 그린 듯 수려하고 길면 천성이 좋고 총명하다. 반대로 거칠고 짙으며 방향이 일정치 않고 짧다면 천성이 흉하고 고집이 세다. 눈썹은 보통 눈보다 길면 부와 명예를 얻는다고 본다. 반면 눈을 누르는 듯한 모양이라면 궁핍한 상이다.

1. 교가미(交加眉)

서로 뒤섞인 모양이라는 뜻으로 눈썹 중에서 가장 안 좋은 눈썹의 경우이다. 양쪽 눈썹이 미간 부분을 넘어가거나 미간에 붙어 있다. 운이 사납고 불길하며 물질적으로 궁핍하고 치졸한 삶을 살 수 있다. 가족 관계에서 부모와의 사이가 나쁘고, 형제가 있는 경우에는 형제에게 피해를 끼칠 수 있다. 중년에는 안 좋은 일로 수감 생활을 할 수 있다.

2. 귀미(鬼眉)

귀신의 눈썹을 뜻한다. 눈썹이 부드럽지 않고 눈을 누르고 있는 모양으로 마음씨가 곱지 않다. 겉으로는 마음이 너그럽고 상대방을 배려하는 듯

행동하지만, 속으로는 자신의 이익을 챙기며 꾀를 부린다.

3. 소산미(疏散眉)

눈썹이 가지런하게 모여 있지 않고, 산만하게 갈라지고 흩어져 있다. 돈 씀씀이를 절제하지 않거나 함부로 쓰지 않더라도 물질적으로 늘 궁핍하다. 재물이 넉넉하게 풍족할 때와 빈궁할 때의 차이가 확연히 크다. 가족과 붙어 지내지 못하고, 일생 동안 안정되지 못한 채 파란만장한 삶을 산다.

4. 황박미(黃薄眉)

눈썹의 색이 노르스름하며 흐릿하다. 눈썹의 숱이 적고, 길이가 짧아서 보기에 듬성듬성 나 있으며 눈의 길이보다 짧다. 재물이 들어오더라도 속사정을 들어보면 궁핍하다는 것을 알 수 있다. 다른 부분을 통해서 운을 얻어도 그 기간이 짧다. 기가 허하다면 형제에게 좋지 않은 영향을 끼칠 수 있다. 실패한 인생으로 객지에서 삶을 마감할 수 있다.

5. 소추미(掃帚眉)

빗자루 같은 눈썹을 뜻한다. 눈썹의 앞부분은 선명하고 또렷하지만 뒷부분은 숱이 적고 그 결이

곱지 않다. 형제 관계에서는 서로 우애가 없으며 시기 질투가 많다. 자식복이 없고 인생의 후반에는 재물까지 잃어버릴 수 있다.

6. 첨도미(尖刀眉)

칼 같이 날카롭고 뾰족한 형태의 눈썹을 뜻한다. 눈썹의 결이 부드럽지 않고, 거칠수록 성품이 교활하고 간사하다. 겉으로는 온순하고 정이 많은 사람처럼 보이지만 그 속내는 흉악하고 포악하다. 또한 형제 관계에서 우애가 없다. 수감 생활을 하다가 인생을 마칠 수 있다.

7. 팔자미(八字眉)

팔자八字 모양의 눈썹을 뜻한다. 눈썹의 앞부분은 숱이 적어 비어 있지만, 뒷부분은 다른 방향으로 분산되어 있다. 형제가 없어 외롭고 쓸쓸하지만 물질적으로 풍족한 운이 있으며 오래 산다. 노년에는 수차례 배우자를 만날 수 있는 기회가 주어지지만 끝이 좋지 않다. 자식운 또한 나쁘다.

8. 나한미(羅漢眉)

 아라한阿羅漢(불교에서 높은 경지에 오른 부처를 이름)의 눈썹을 뜻한다. 늦은 나이에 결혼을 하게 되고 자식운은 없다. 나이 들어서 재혼을 해야 자식을 얻을 수 있다.

9. 용미(龍眉)

 용의 눈썹을 뜻한다. 눈썹의 모양이 길고 빼어나게 아름다우며, 숱이 알맞게 나 있다. 이 눈썹을 가진 사람의 가족 또한 귀한 운을 타고났다. 부모는 오래 살며, 형제들은 명예로운 자리에 있을 수 있다. 이런 모양의 눈썹을 가진 사람은 어떠한 집단에서도 남보다 뛰어나 언제나 돋보인다.

10. 유엽미(柳葉眉)

 버드나무의 이파리 같은 눈썹을 뜻한다. 눈썹 털이 부드럽지 않고 흐릿하지만, 모양이 야무지다. 형제 관계에서는 우애가 없고, 늦은 나이에 아들을 얻는다. 하지만 친구 관계에서는 믿음이 두터운 편이다. 주변인들과의 관계에서는 항상 도움을 줄 수 있는 사람이 있어서 명예와 명성을 얻는다.

11. 검미(劍眉)

칼 같은 눈썹 모양을 뜻한다. 눈썹이 빼어나게 아름답고 길다. 주로 고위 공직에서 일하며 지혜가 있고 명예까지 얻는다. 처음에는 재물이 없어 빈궁할지라도 우연히 하루아침에 재물을 얻어 풍족한 삶을 살 수 있다. 가족 모두가 별일 없이 건강하고, 그 자손이 일취월장하는 삶을 산다.

12. 사자미(獅子眉)

사자의 눈썹 모양을 뜻한다. 눈썹의 결이 부드럽지 않고 거칠더라도 눈과 멀리 떨어져 있다면 좋다. 가족 관계에서는 다정하지 않다. 이런 모양의 눈썹을 가진 사람은 결혼의 시기가 다소 늦은 편이고, 성공하는 시기도 늦다. 하지만 세월이 흐를수록 재물과 지위도 얻게 되고, 영화로운 삶을 산다.

13. 전청후소미(前淸後疎眉)

눈썹의 앞부분은 또렷하지만 뒷부분으로 갈수록 털이 분산되어 나 있는 모양을 뜻한다. 눈썹의 끝부분이 흩어져 있지만 나름 야무진 모양새를 갖추고 있다. 초년부터 재물을 얻고 명예를 쌓기 시작하여 말년에 갈수록 더 큰 재산과 명예를 얻는다. 가족 관계 또한 정답고 화목하다.

14. 경청미(輕淸眉)

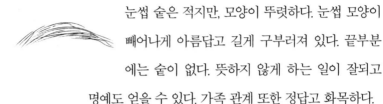

눈썹 숱은 적지만, 모양이 뚜렷하다. 눈썹 모양이 빼어나게 아름답고 길게 구부러져 있다. 끝부분에는 숱이 없다. 뜻하지 않게 하는 일이 잘되고 명예도 얻을 수 있다. 가족 관계 또한 정답고 화목하다.

15. 단촉수미(短促秀眉)

수려하면서 짧은 눈썹이다. 명예운이 있고 수명이 길다. 의리를 중요시하고 효심이 깊다. 어질고 청렴하여 일이 잘 풀린다.

16. 선라미(旋螺眉)

동그란 모양의 소라 같은 눈썹을 뜻한다. 눈썹이 소라처럼 말려 있고 숱이 없는 편이다. 보통의 직업 중에서는 평범한 듯 보이지만, 군인 혹은 경검檢警의 분야에서 종사하게 되면 성공할 수 있고 명예도 얻을 수 있다.

17. 일자미(一字眉)

눈썹의 모양이 일자一字로 된 눈썹을 뜻한다. 눈썹이 잘 정돈되어 있고, 눈썹의 앞부분이 눈보다 길쭉한 것이 좋다. 인생 초반부터 높은 지위를 갖게 되고, 재물과 명예도 함께 얻어 오랫동안 장수한다. 배우자의 눈썹 모양 또한 이러하다면 평생 동안 부부가 함께 행복하게 지낼 수 있다. 외동으로 태어나는 경우가 많고, 형제가 있다면 삶이 힘들어질 수도 있다.

18. 와잠미(臥蠶眉)

눈썹의 모양이 누에가 누워 있는 듯하다는 뜻이다. 눈썹이 휘어져 있고 빼어나게 아름다운 모양새라면 심성이 착하다. 사람들을 이끄는 리더십이 있지만, 형제 관계에서는 우애가 없다.

19. 신월미(新月眉)

눈썹 모양이 초승달 같이 둥근 경우를 말한다. 눈썹이 잘 정돈되어 빼어난 모양새면 좋다. 대체로 공직에 종사하는 경우가 많다. 눈썹 끝부분이 이마 모서리 쪽으로 향해 있다면 그의 형제 또한 재물과 명예를 얻을 수 있다.

20. 호미(虎眉)

호랑이의 눈썹을 뜻한다. 이 눈썹은 인상을 거칠고 사나워 보이게 하는데, 그래야 권위적이면서 크고 넓은 뜻을 이룰 수 있다. 형제 관계에서는 우애가 없지만, 형제 모두 재물을 얻게 된다. 유복하지 않다면 소중하고 가치 있는 사람이 되며 장수한다.

21. 소소추미(小掃帚眉)

눈썹 모양이 작은 빗자루 같다는 뜻이다. 눈썹이 긴 편이고 보통의 경우보다 짙다. 또한 부드럽고 잘 정돈되어 있으며 끝부분이 이마의 모서리를 향해 올라가 있다. 신체가 건강하여 다치거나 아플 가능성은 적다. 하지만 형제 관계에서는 우애가 없고, 물리적으로도 거리를 두고 살 수 있다.

22. 대단촉미(大短促眉)

눈썹의 크기가 큰 편이지만, 길이가 짧다. 모양새가 빼어나지만 끝부분은 약간 누르스름한 편이다. 눈썹의 앞부분이 직선 모양이면 좋다. 형제가 많으며 그 우애가 돈독하고 좋다. 가정에서도 배우자와 다정하며, 자손이 성공을 이루며 살아간다. 재물운이 있어서 재물이 풍족하게 들어오지만 그것을 재산으로

모으기는 힘들다.

23. 청수미(淸秀眉)

눈썹이 빼어나고 또렷하다. 눈썹의 끝이 길게 휘어져 이마의 끝부분까지 향해 있다. 눈썹이 잘 정돈되어 있다면 영리하여 이른 나이에 공직에서 일할 수 있다. 형제 관계에서는 서로 우애가 깊고, 그 형제도 성공하는 삶을 살 수 있다.

24. 간단미(間斷眉)

눈썹 사이가 끊어져 있다. 눈썹이 옅으며 색이 누르스름하다. 눈썹 모양이 갈고리처럼 휘어져 있다. 재물의 굴곡이 크고 형제 관계에 있어서도 우애가 없다.

눈

왼쪽 눈은 해에 비유하며 아버지를 상징한다. 오른쪽 눈은 달에 비유하며 어머니를 상징한다. 정신이 맑다면 눈이 선하고, 반대로 탁하다면 눈이 악하다. 눈은 길고 깊으며 윤택한 빛이 나면 좋다. 눈동자가 짙은 검은색을 띠면 총명하고 문장력이 뛰어난 큰 인물이 될 수 있다. 눈이 불타듯 빛나면 부자가 될 수 있다. 가늘고 깊은 눈은 가졌다면 장수하고 관리자로서 능력을 발휘할 수 있다.

1. 용안(龍眼)

중요 관직에 오르기 위해 철저하다(官居極品)

용의 눈을 뜻한다. 눈이 크며 끝부분에 긴 주름이 있다. 눈의 흰자와 눈동자가 선명하면 마음도 분명하고 깨끗하다. 이러한 눈을 가진 사람은 재물과 명예를 얻을 가능성이 크다. 또한 이러한 눈은 고위 공직에 종사하며 나라에 도움이 되는 일을 하는 경우가 많다.

2. 봉안(鳳眼)

슬기롭고 영리하여 항상 남보다 뛰어나다(聰明超越)

봉황의 눈을 뜻한다. 눈꼬리가 길쭉하고, 눈빛이 깨끗하며 빼어나다. 봉황의 눈을 가진 사람은 슬기롭고 영리하며 지혜롭다. 주변에 항상 사람이 따르며 명예도 얻을 수 있다. 어떤 집단에 있든 뛰어나고 훌륭하여 항상 눈에 띈다.

3. 후안(猴眼)

평생 동안 걱정이 끊이지 않는다(一生多慮)

원숭이의 눈을 뜻한다. 눈동자가 두드러지게 검은 편이고, 눈꼬리의 주름까지도 잘 정돈되어 있다. 이런 눈을 가진 사람은 다른 사람을 잘 믿지 않으며, 시기 질투도 많아서 사람을 올려다본다. 이러한 눈의 경우, 눈동자가 선명하고 분명하다면 재물과 명예를 얻을 수 있다. 눈치가 빠르고 자신의 이익을 챙기는 데에 행동이 잽싸기 때문에 명성을 얻을 수는 있지만, 훌륭한 인재는 되지 못한다.

4. 귀안(龜眼)

처음이나 나중이나 끝까지 평안하게 복을 누린다 (始終享福)

거북이의 눈을 뜻한다. 눈동자가 둥글며 눈가의 주름이 가늘다. 삶이 평탄하고, 신체 또한 건강하다. 자손까지 물질적으로 풍요롭게 산다.

5. 상안(象眼)

장수하며 길게 복을 누린다(福壽延年)

코끼리의 눈을 뜻한다. 눈의 모양이 빼어나며, 주름이 눈의 상단과 하단 모두에 있다. 눈도 가는 편이고, 그 주름도 가늘고 길다. 마음이 너그럽고 착하며, 언젠가 때가 되면 재물과 명예를 얻을 수 있다. 삶이 평탄하며 장수한다.

6. 작안(鵲眼)

하는 일이 성장하여 재물운이 따른다(發達富貴)

까치의 눈을 뜻한다. 눈의 윗부분에 있는 주름이 길고 빼어나다. 이러한 눈의 모양을 가진 사람은 마음이 맑고 깨끗하다. 듬직하고 신용이 있으며, 성실한 편이다. 하는 일이 잘되고, 성공할 수 있다.

7. 사자안(獅子眼)

나라에 충성하고 부모에게 효를 다하며 마음이 곧고 깨끗하다(忠孝貞廉)

사자의 눈을 뜻한다. 눈의 크기가 크고 힘이 있으나 자칫 오만해 보일 수 있다. 눈썹이 선명하고 또렷하고 숱이 많은 편인데, 눈처럼 길쭉하며 가지런하다. 이런 눈을 가진 사람은 다른 사람의 물건을 탐내지 않으며, 온정이 많아서 자기 것을 주변 사람들에게 잘 나눠 준다. 삶이 평탄하고, 재산이 많고 지위가 높으며 장수한다.

8. 호안(虎眼)

부귀영화를 누리며 산다(非常富貴)

호랑이의 눈을 뜻한다. 눈의 크기가 크며 그 색깔이 황금색이다. 강인한 의지를 지니고 있으며 매사에 신중한 편이다. 걱정이나 근심이 없는 편이다. 부귀영화를 누릴 수 있으나, 자식운은 없다.

9. 우안(牛眼)

곡식에 부족함이 없을 정도로 재산이 풍족하다 (粟陣貫朽)

소의 눈을 뜻한다. 눈의 크기가 크고, 눈동자가 동그랗다. 속내를 파악할 수 없는 눈빛을 지니고 있으며, 재물이 풍족하다. 장수할 수 있으며 평생 동안 운이 좋다.

10. 공작안(孔雀眼)

남편은 화목한 가정을 만들고, 부인 또한 이를 잘 지켜 나간다(夫和婦順)

공작의 눈을 뜻한다. 눈 위에 주름이 있고, 눈동자가 검고 맑다. 눈 주변이 푸르스름하고, 흰자가 흐릿하면 안 좋다. 이러한 눈을 가진 사람은 성품과 행실이 올바르고 착하다. 배우자와 사이가 좋고 사랑하는 마음이 진심이라면 하는 일이 성공하며 명예도 얻을 수 있다.

11. 원앙안(鴛鴦眼)

재물이 풍족하여 부유하지만 동시에 음란하다(富而且淫)

원앙의 눈을 뜻한다. 눈의 모양이 둥그스름하고 생김새가 빼어나다. 눈동자는 광택하여 윤기가 흐르는 홍색을 띠고 있다. 눈 주변에는 작은 점들이 있다. 부부 간에 금슬이 좋으며 재물과 명예를 얻는다. 흠이 있다면 음탕한 편이라는 점이다.

12. 명봉안(鳴鳳眼)

고결한 뜻이 뚜렷하게 드러난다(志高顯)

울고 있는 봉황의 눈을 뜻한다. 눈 상단에 있는 주름이 매우 또렷하다. 눈동자가 반짝이지 않아서 어리숙하고 흐리멍덩해 보인다. 중년부터는 운이 따르면서 본인뿐만 아니라 집안 또한 재물과 명예를 얻는다.

13. 수봉안(睡鳳眼)

성품이 부드럽고 하는 일이 공평하고 사심이 없다 (溫柔正大)

졸린 봉황의 눈을 뜻한다. 눈빛이 흐트러지지 않고 반듯하여 곁눈질을 하지 않는다. 용모가 빼어나며, 부드러운 미소를 지니고 있다. 다른 사람을 배려하고 존중한다. 다른 사람들도 인정할 만큼의 재물과 명예를 얻는다.

14. 서봉안(瑞鳳眼)

성품이 온순하고 부드러우며 흔들림 없이 한결같다(和而不流)

복되고 길함을 상징하는 봉황의 눈이다. 양쪽의 눈이 선명하고 반듯하며 눈 주변의 주름이 긴 편이고 그 모양이 빼어나다. 눈빛이 항상 반짝거려서 총명하게 보인다. 글을 짓는 데 능력이 있으며 공직에 종사할 수도 있다.

15. 음양안(陰陽眼)

재물운이 있지만 거짓과 속임수가 많다(富而多詐)
양쪽의 눈과 눈동자의 크기가 다르다. 바른 정신을 갖고 있으나 곁눈질을 하는 편이다. 말과 행동

이 달라 정직하지 않다는 평가를 받기도 한다. 자기의
이익을 위해 꾀를 내어 재물을 얻는다.

16. 관안(鸛眼)

인생 중반부터 현명하게 삶을 꾸리며 부귀영화를
누린다(中年顯擢)

황새의 눈을 뜻한다. 눈의 윗부분에 긴 주름이
있고, 모양새가 빼어나다. 눈동자와 흰자위가 또렷하며,
사람을 볼 때 곁눈질하지 않는다. 똑똑하고 지혜로워서
부귀영화를 누리며 산다.

17. 아안(鵝眼)

마음이 착하고 베풀기를 잘하여 좋은 일이 있다(慈
善有慶)

거위의 눈을 뜻한다. 모양새가 빼어난 주름들이
이마 모서리 쪽을 향해 나 있다. 그리고 그 눈빛이 반짝
거리며 영롱하다. 눈의 흰자위 부분이 적으며 눈동자 부
분이 큰 편이다. 성품이 착하고 부드러우며, 나이가 들
어서까지 평탄한 삶을 살 수 있다.

18. 도화안(桃花眼)

헤픈 웃음과 눈빛으로 교태를 부린다(嬉媚無常)

'복숭아꽃의 눈'이라는 뜻이다. 도화살과 관계가 깊은 눈으로서 남자나 여자 모두에게 도화안은 좋은 의미가 아니다. 매혹적인 웃음이 아니라 헤픈 웃음이기 때문이다. 촉촉한 눈빛을 가지고 있어 눈동자가 항상 젖어 있는 듯 하고, 이런 눈을 가진 사람은 곁눈질로 보는 것을 좋아한다.

19. 취안(醉眼)

아무 일도 이루지 못한다(百事無成)

술에 취한 듯한 눈을 뜻한다. 눈동자의 색깔이 홍색과 황색이 섞인 듯 보인다. 눈빛 또한 술에 취한 사람 같은데, 다른 사람을 교묘하게 꾀어 속일 수 있다. 취안을 가진 여성의 경우에는 음란할 수 있고, 남성의 경우에는 수명이 짧다.

20. 학안(鶴眼)

맑은 정신과 떳떳한 지기를 가지고 있다(志氣高明)

학의 눈을 뜻한다. 눈매가 빼어나게 아름답고, 맑은 정신을 소유하고 있다. 성격이 균형을 잃지 않고 공정한 편이며 신기를 감추고 있다. 많은 재물과 높은 지위를 가져 영화로운 삶을 산다.

21. 양안(羊眼)

중년의 일들이 망할 수 있다(半世破祖)

양의 눈을 뜻한다. 눈동자가 약간 흐릿한 편이며 황색을 띠고 있다. 눈빛이 맑지 않으며 다른 사람을 바라보는 눈빛 또한 흐릿하다. 초년에 집안이 물질적으로 풍요롭더라도 중년이 되면 빈곤해질 수 있다.

22. 어안(魚眼)

빨리 죽도록 기한이 정해져 있다(速死爲期)

물고기의 눈을 뜻한다. 눈동자가 드러나 있으며 눈빛이 또렷하지 않아 초점을 어디에 두었는지 알 수가 없다. 이러한 눈을 가진 사람은 장수하기 힘들다.

23. 마안(馬眼)

물질적으로 빈궁하고 죽을 때까지 고생한다(貧苦無終)

말의 눈을 뜻한다. 두꺼운 피부 때문에 눈동자가 삼각형 모양으로 보인다. 걱정이 있든 없든 눈빛이 항상 젖어 있나. 얼굴에 살이 없는 편이고 걱정스러운 표정을 하고 있다. 정신없이 분주하게 살며 배우자와 자식과의 관계가 좋지 않을 수 있다.

24. 저안(猪眼)

죽어서도 몸이 편안하지 않다(死必分屍)

돼지의 눈을 뜻한다. 흐리멍덩한 눈동자를 가지고 있으며, 흰자위 상단이 흐릿하다. 눈가 주변에 두툼한 주름이 있으며 살집도 많은 편이다. 저안을 가진 사람은 사납고 악한 성정을 가졌다. 많은 재물과 명예를 얻을 수는 있지만, 그렇다고 좋은 일만 있는 것은 아니다. 범죄와 관련된 일을 저지를 수 있으니 주의해야 한다.

25. 사안(蛇眼)

인간의 도리에 어긋나고 정의감도 없다(無倫悖義)

뱀의 눈을 뜻한다. 눈이 홍색을 띠고 있으며 눈동자가 동그랗다. 사안을 가진 사람은 교활하고, 독한 면이 있다.

26. 합안(鴿眼)

총명해 보이나 실속이 없고 허세가 가득하다(聰明小就)

비둘기의 눈을 뜻한다. 눈동자가 황색을 띠고 있으며 그 모양이 둥그스름하다. 자세가 올바르지 않아서

삐딱해 보인다. 이러한 눈동자를 가진 사람은 남녀 모두 음란한 편이다. 또한 과장하여 말하는 성격으로 허세가 가득하여 실속이 없다.

27. 난안(鸞眼)

거대한 재물을 얻어서 부유하다(廣博大富)

난새(중국 전설 속 상상의 새)의 눈을 뜻한다. 눈이 크고, 길쭉하다. 이런 눈을 가진 사람은 걸음걸이가 빠르며 상대방에게 말을 할 때 신중한 편이다. 직업으로는 고위 공직에 종사하면 큰 성공을 거둘 수 있다.

28. 복서안(伏犀眼)

맑고 깨끗하며 매우 고귀하다(清淨大貴)

코뿔소의 눈을 뜻한다. 눈의 모양이 크며 진한 눈썹을 가지고 있다. 이런 눈을 가진 사람은 귓속의 털이 길고 머리가 동그라며 몸집이 있는 편이다. 신뢰감이 있고 영리하기까지 하다. 또한 사리분별을 잘한다. 물질적으로도 크게 부유해지고 명예 또한 얻으며 고위 공직에서 일할 수 있다.

29. 노란안(鷺鷥眼)

맑고 깨끗한 사람이지만 빈궁에 처한다(淸淨貧寒) 해오라기의 눈을 뜻한다. 눈동자의 색깔이 황색을 띠고 있다. 항상 몸을 깨끗하게 유지한다. 키가 큰 편으로 종아리가 가늘고 눈썹이 가지런하다. 노란안을 가진 사람은 행동에 군더더기가 없으며 성격 또한 순수하고 맑다. 하지만 재산을 많이 가지고 있더라도 끝내 궁핍해진다.

30. 웅목(熊目)

반드시 끝이 좋지 않다(必無善終) 곰의 눈을 뜻한다. 눈동자가 둥글둥글하게 드러나 있다. 이러한 눈을 가진 사람은 용기와 힘이 있다. 하지만 폭력적이고 우둔한 면도 있다. 또한 차분하지 않고 매사에 급하다.

31. 하목(蝦目)

신중하며 재물이 풍족하다(操心富盛) 새우의 눈을 뜻한다. 이런 눈을 가진 사람은 성격이 신중한 편이다. 상대방을 배려하고 존중한다. 물 기운이 많은 해에 성공할 수 있으며 노년에 좋은 날이 있지만 장수하지는 못한다.

32. 해목(蟹目)

고집이 세고 사나우며, 자식 된 도리를 다하지 못한다(頑暴不孝)

게의 눈을 뜻한다. 이러한 눈을 가진 사람은 고집이 있어 상황에 유연하게 대처하지 못한다. 말할 때는 과장하거나 허세를 부리는 특징이 있고 여기저기 돌아다니는 것을 좋아한다. 나이가 들어서는 자식들에게 존경받지 못하고 빈궁하게 산다.

33. 연목(燕目)

자식에게 존경받지 못하고 먹고살기 충분하지 않다(不得子力不豊食)

제비의 눈을 뜻한다. 눈이 깊어 보이며 흑백이 뚜렷하다. 빨갛고 작은 입술을 가지고 있으며 코끝이 짧다. 머리를 흔드는 습관이 있으며 말주변이 좋아 주변으로부터 신뢰가 있는 편이다. 그러나 능력은 있지만 크게 성공하기는 힘들다.

34. 자고목(鷓鴣目)

재산이 늘어나기 힘들다(主不厚富)

자고새(꿩과의 새로 메추리기와 비슷하다)의 눈을 뜻한다. 눈이 홍색과 황색을 띤다. 얼굴이 불그스름한 편이며 귀는 크지 않고 체구 또한 작다. 땅바닥을 보면서 자신감 없이 걷는 습관이 있다. 평생 동안 재물이 부족하다.

35. 묘목(猫目)

귀는 가깝고 부는 숨어 있다(近貴隱富)

고양이의 눈을 뜻한다. 눈동자가 황색을 띠고 있으며, 얼굴이 넓고 동글동글하다. 성격이 온화하며 자기가 하는 일에 능력이 있는 편이다. 오랫동안 관계를 맺어 온 사람들에게 인기가 있다.

36. 경안(驚眼)

너그러운 성품과 출중한 재주로 출세하여 큰 부를 얻는다(富貴廣博)

마치 놀란 듯한 눈이라는 뜻으로, 아주 작고 긴 눈을 말한다. 코끝의 콧등이 아주 둥글고 크다. 걸음걸이가 빠르며 말투가 부드러워 마치 봉황 같다. 어진 성품과 뛰어난 재주를 갖췄으니 두말할 나위 없이 출세한다.

37. 계안(鷄眼)

심성이 간사하고 음란하여 험악한 도적 같다(盜賊小竊)

닭의 눈이라는 뜻이다. 눈동자가 작고 황색을 띠

고 있다. 계안의 경우 눈이 마치 감정이 메마른 듯 보여 그 사람의 생각을 도통 읽기 어렵다. 그러나 속내가 간악하고 급하며 충성스럽지 않고 포악하다. 시장거리나 동네 여기저기를 배회하며 말썽을 피워 가족을 고생시킬 상이다.

38. 낭안(狼眼)

재산이 많지만 마무리가 좋지 않다(富不善終)

이리의 눈이라는 뜻이다. 눈에 황색이 돌고 독기가 많아 보인다. 시선이 마치 사람들을 째려보는 듯하며 곱지 않다. 성품 또한 사나운데 이리의 본능과 같다고 할 수 있다. 이를 고치기가 어려우니 말년이 좋지 않다. 자손들에게 그 영향이 미쳐, 자손 또한 번성하지 못하고 시들어 버리니 심신이 무너지기 십상이다.

39. 노사안(鷺鷥眼)

초년의 여유가 이어지지 못하고 말년에 어려움을 겪는다(有序不亂)

백로와 해오라기의 눈이라는 뜻이다. 눈동자가 누렇고 몸가짐이 단정하다. 세상의 티끌 하나 묻지 않은 모습 같다. 물가에 거처하고 활동하는 것을 좋아힌다. 기량이 빼어난 인물은 아니다. 비록 부를 얻고 높은 자리에 올라도 즐거움 끝에 고생이 기다리고 있다.

40. 녹안(鹿眼)

성품은 급하지만 정의롭다(性急有義)

사슴의 눈을 말한다. 양쪽 눈 사이가 멀고, 눈동자가 맑은 빛과 검은 빛을 띠며 깨끗하다. 걸음걸이가 날아가는 듯 매우 날쌔며, 연약해 보이는 외모와는 달리 아주 강경한 성품을 지녔다. 깊은 산속에 은거하면 복과 함께 자연히 영화로운 삶이 따라올 것이다.

41. 단봉안(丹鳳眼)

뛰어난 문장 덕분에 큰 인물이 된다(文章大貴)

붉은 봉황새의 눈처럼 눈이 길고 가지런하여 매우 아름답다. 눈을 깜빡이는 모습은 흡사 파도가 일어 길게 감싸는 것과 같으며, 청아한 거울 같이 맑고 깨끗하다. 이러한 눈을 지닌 사람은 정신이 드러나지 않고 눈에서 광채가 흐른다. 문장이 출중하여 나랏일에서 환하게 빛나는 구슬 같은 존재로 여겨지며, 하늘의 규성 기운을 받고 있다고 말할 수 있다.

42. 서안(鼠眼)

도적질하고 남을 시기한다(竊盜妬害)

쥐의 눈을 말하며 눈에 검은자위가 많고 우중충한 것이 특징이다. 항상 머리를 숙이고 있으며 상대를 바라볼 때도 도둑질하듯 곁눈질을 한다. 눈동자가 고정되지 않고 이리저리 분주히 움직이는 모습이 마치 방황하는 것처럼 보인다. 말을 할 때도 짜임새 있게 하지 못하여 결국 거짓말을 한 것이 드러난다. 이러한 사람은 남을 질투하고 투기해서 해롭게 하는 일이 많다. 하지만 그 독은 결국 본인에게 돌아가게 마련이니 몰래 한 도둑질이 자신을 해치고 말 것이다.

43. 안안(鴈眼)

옥을 품은 듯 정의로운 기상을 보인다.(義氣蘊玉)

기러기의 눈을 말한다. 눈동자가 검고 빛나며 마치 황금의 눈을 보는 것 같다. 눈을 깜빡일 때 위아래가 하나인 것처럼 긴 선의 모양을 띤다. 이러한 사람의 경우, 업무 처리 능력이 뛰어나며, 어질고 정의로운 마음을 지니고 있다. 한 배를 타고난 형제간이나 일가친척의 동기간에도 그 사람의 명성이 높다.

44. 웅안(熊眼)

심성이 약하고 형벌로 온전한 인생을 살지 못한다
(心毒惡死)

곰의 눈으로, 눈동자와 눈 모두 전체적으로 둥근 것이 특징이다. 모든 사람을 초월할 수 있는 용맹과 기운을 가지고 있지만 남의 비위를 잘 맞추어 아첨하는 곳에 쓰니 쓸모없다. 욕심이 넘쳐 더 높고 넓은 것을 원해서 무리하게 일을 한다. 결국 그 허물로 나라의 법을 범하고 형벌을 받을 것이니 그 사람의 생명은 온전치 못하다.

45. 원안(猿眼)

이기적이지만, 수명이 길다(詐爲多壽)

눈에 약간 황색을 띠고 있으며, 사물을 똑바로 응시하지 않고 곁눈질하듯 본다. 성내는 것 같이 보이며 원숭이의 눈을 연상시킨다. 이러한 눈을 가진 사람의 성품은 교활하고 간악하며, 욕심이 많다. 또한 음란하므로 행동 몹시 어지럽다.

46. 장안(獐眼)

귀한 벼슬을 하지만 너그러운 마음씨가 부족하다
(貴而不仁)

노루의 눈으로, 눈 모양이 삼각형과 같은데, 윗부

분에 길게 주름이 져 있다. 검은 눈동자는 빛이 담담하며 기울어져 있다. 또한, 눈의 흰자위는 황색을 띠고 있다. 평소에 아무 까닭 없이 이를 갈기도 한다. 간사하고, 거짓된 말과 행동으로 윗사람을 속일 수 있으니 조심해야 할 상이다.

47. 화륜안(火輪眼)

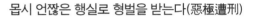

몹시 언짢은 행실로 형벌을 받는다(惡極遭刑)
불 수레바퀴 같은 눈을 말한다. 이러한 눈을 가진 사람은 큰 것을 바라나, 마음이 어둡고 혼미하다. 말할 수 없을 정도로 교활한 정신을 가지고 있으니 친척과 자녀까지도 다치게 할 상이다. 활시위와 같이 눈 가장자리가 열려 있는 듯한 모양은 관청을 드나드는 것을 뜻한다.

코

코는 얼굴의 중앙에 위치하며 오행상으로 토土에 속한다. 코끝이 둥글고 콧구멍이 보이지 않으면 좋은 코라고 할 수 있다. 여기에 난대蘭臺(왼쪽 콧방울), 정위庭尉(오른쪽 콧망울)가 반듯하다면 부자의 상이다. 코는 연상年上(코의 중간 부분)과 수상壽上(코의 중간에서 끝부분 사이)을 통해 수명을 보는 부위이기도 하다. 코를 통해 폐 기능을 보기도 하는데, 폐가 허하면 콧방울이 크지 못하며 콧구멍이 훤히 보인다. 반면에 폐가 건강하면 콧방울이 크고 콧구멍이 보이지 않는다.

1. 용비(龍鼻)

평생 동안 영화롭게 살 수 있다(百世流芳)

용의 코를 뜻한다. 양쪽 눈썹 사이에 있는 코가 곧으며, 높이 솟아 있다. 코끝이 가지런히 잘 정돈되어 있으며 콧등의 결도 부드럽고 균형을 잘 이루고 있다. 종사하고 있는 분야에 대해서는 최고의 자리까지 오를 수 있다.

2. 호비(虎鼻)

부귀영화를 누리며 산다(富碩馳名)

호랑이의 코를 뜻한다. 코가 둥글둥글하며 콧구멍이 보이지 않는다. 또한 양쪽 눈썹 사이가 한쪽으로 치우쳐 있지 않다. 다른 사람들이 보기에도 부러울 정도로 부귀영화를 누리며 산다. 보통 호비를 가진 사람들은 비범한 편이다.

3. 호양비(胡羊鼻)

거대한 재산과 명성을 퍼뜨리며 산다(財名雙美)

호양은 북쪽에서 사는 양을 말한다. 이러한 코를 가진 사람은 호양의 코를 그대로 닮아서 코끝이 큰 편이고 살이 두툼하다. 난대와 정위 또한 그렇다. 양쪽 눈썹 사이와 연상, 수상이 큼지막하지만 않으면 막대한 재산을 누리는 부자가 될 수 있다.

4. 사자비(獅子鼻)

완벽한 사자의 상을 갖추면 재물과 명예를 다 얻을 수 있다(全形達擢)

사자의 코를 뜻한다. 양쪽의 눈썹 사이와 연상, 수상이 다소 낮은 편이고 평평하다. 코끝이 큼지막하고 두툼하며 난대와 정위는 균형을 잘 이루고 있다. 완벽한 사자의 상을 갖추고 있으면 막대한 재물과 명예 모두 얻을 수 있다. 하지만 그렇지 않다면 재물과 관련 없이 산다.

관상궁합

5. 현담비(懸膽鼻)

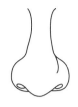

부귀영화를 누리며 살 수 있다(福祿拱輔)

동물의 쓸개를 매달은 것 같은 모양이라는 뜻이
다. 이러한 코를 가진 사람은 코끝이 고르며 양
쪽 눈썹 사이가 기울지 않고 잘 이어져 있다. 난
대와 정위 또한 또렷하다. 현담비를 가진 사람은 부유하
고 명예도 누릴 수 있다.

6. 복서비(伏犀鼻)

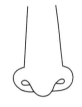

총명하며 능력이 뛰어나다(班超英才)

물소의 코를 뜻한다. 양쪽 눈썹 사이부터 미간까
지 코가 이어져 있다. 코에 전체적으로 살집이 없
지만, 그렇다고 뼈가 드러나 있지는 않다. 복서비
를 가진 사람은 머리가 맑아서 고위 공직까지 오를 수
있다.

7. 우비(牛鼻)

**주변의 사람들과 재산을 모두 다 얻을 수 있다(人
容物容)**

소의 코를 뜻한다. 코의 모양이 고르며 양쪽 눈
썹 사이가 넓은 편이다. 난대와 정위가 뚜렷하다.
연상과 수상이 높게 솟아 있지는 않지만, 그렇다고 해서

약하다고 볼 수는 없다. 재산을 차곡차곡 모아서 집안을 일으킬 만한 능력이 있다.

8. 절통비(截筒鼻)

성격과 마음가짐이 따뜻하고 부드럽다(性直中和)
대나무 같은 코를 뜻한다. 코끝이 기울지 않고 고르게 균형을 이루고 있다. 양쪽 눈썹 사이는 나쁘지만 연상, 수상이 충분하다. 재물과 명예를 얻고 중년에는 가진 것보다 더 많은 것을 얻어 성공할 수 있다.

9. 산비(蒜鼻)

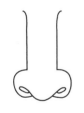

결국 존경받을 만하고 큰 명성을 얻는다(結果增崇)
마늘 같은 코라는 뜻이다. 양쪽 눈썹 사이와 연상, 수상이 크지 않고 평평하다. 난대와 정위, 코끝은 크고 두툼한 편이다. 형제 관계에서는 우애가 있고, 시간이 지날수록 집안에 좋은 일이 많다. 중년에는 명성을 크게 날릴 수 있다.

관상궁합

10. 성낭비(盛囊鼻)

중년의 부귀영화를 기대해도 좋다(中年榮擢)

코의 모양이 주머니가 가득 찬 모양 같다고 해서 붙여졌다. 이러한 코를 가진 사람은 콧방울이 작고, 콧구멍은 동그랗고 고르다. 결국에는 큰 재산도 얻고 고위직이나 임원의 자리까지 올라갈 수 있다.

11. 후비(猴鼻)

의심이 많고 우려하는 일이 많아서 재물을 너무 아낀다(疑慮否吝)

원숭이의 코를 뜻한다. 양쪽 눈썹 사이의 연상, 수상이 크고 평평하다. 난대와 정위 또한 또렷하며 코끝은 홍색을 띠고 있으며 두툼하다. 콧구멍은 잘 보이지 않을 정도로 작고 입은 튀어나와 있다. 성격은 걱정이 많고 종종 화를 잘 내는 편이다. 재산과 명예를 다 얻을 수 있지만 매사에 꾀를 부리거나 자기의 이익만 생각해서는 안 된다. 이러한 코를 가지고 있는 사람은 행동이 신중하지 못하고 가볍기 때문에 사람들에게 존경받기 힘들다.

12. 응취비(鷹嘴鼻)

악하며 겉으로는 부드럽고 솔직한 척하지만 속으로는 음흉한 마음을 품고 있다(巨惡好險)

매부리코라는 뜻이다. 콧등의 뼈 부분이 드러나 있고, 코끝이 매의 부리 같이 날카롭고 뾰족하다. 난대와 정위는 짧은 편이며 그 폭도 좁다. 이러한 코를 가진 사람은 자신의 이익을 위해 꾀를 부리고 마음 씀씀이가 너그럽지 못하다. 때문에 상대방에게 상처를 줄 수 있다.

13. 구비(狗鼻)

남의 것을 탐하는 마음은 있지만 사람들과의 관계에서 의리가 있다(竊而懷義)

개의 코를 뜻한다. 연상과 수상이 드러나 뼈가 높이 솟아 있다. 또한 코끝, 콧방울, 콧구멍의 옆 부분이 허전하게 드러나 있다. 이러한 코를 가진 사람은 성격이 부드럽고 온화하며 사람들과의 관계에서 의리가 있다. 하지만 물질적으로 빈궁해지면 남의 것을 탐할 수 있다.

14. 즉어비(鯽魚鼻)

딱 알맞은 복을 누리며 평범하게 산다(祿碌庸庸)

물고기의 코라는 뜻이다. 연상과 수상이 높게 솟아 있는 게 마치 물고기 등처럼 생겼다고 해서

관상궁합

붙여진 이름이다. 양쪽 눈썹 사이가 좁고 코끝이 늘어져 있다. 뼈와 살이 불균형을 이루고 있고, 눈의 흰자 부분이 많이 드러나 있다. 이러한 얼굴을 가진 사람은 평생 동안 먹고사는 게 힘들 수 있다.

15. 삼만삼곡비(三彎三曲鼻)

자식 없이 홀로 외롭고 쓸쓸하게 살아간다(鰥寡無繼)

코가 구불구불하다는 뜻으로 계비鷄鼻라고도 한다. 연상과 수상이 3번 휘어지는데, 3번 굽은 상태에서 콧등이 안쪽으로 여러 번 굽은 코를 반음비反吟鼻라고 하고, 바깥쪽으로 굽은 코를 복음비伏吟鼻라고 한다. 반음비는 자식운이 없고 복음비는 삶이 평탄하지 않다.

16. 검봉비(劍鋒鼻)

속에 음흉한 마음을 품고 있으며 고집이 있다(計詭兇頑)

검봉비는 콧등이 마치 칼등 같다고 해서 붙여진 이름이다. 코끝에 살이 없는 편이고 콧구멍이 작다. 형제 관계에서는 우애가 없고 사이가 나쁘며 형제의 자식을 극할 수 있다. 고생스러운 삶을 산다.

17. 편요비(偏凹鼻)

천하게 살지 않으면 이른 나이에 죽을 수 있다(不賤則夭)

코의 모양이 기울어져 있으며 움푹 패여 있다. 연상과 수상의 가운데가 푹 들어가 있으며, 양쪽 눈썹 사이가 좁은 편이다. 코끝과 콧방울이 모두 드러나 있다. 편요비를 가진 사람은 물질적으로 풍요롭지 않으며 장수하지 못하거나 평생을 병상에 누워서 보낼 수 있다.

18. 고봉비(孤峯鼻)

복을 누리는 날은 짧고 수치스러운 날은 길다(榮辱無終)

고독한 봉우리 같은 코를 뜻한다. 코가 전체적으로 크고 콧구멍도 크지만 살집이 없는 편이다. 양쪽의 광대가 낮지만 코가 높이 솟아 있다. 코가 크고 길쭉하지만 재산을 쌓지 못한다. 종교인으로 일한다면 이를 피할 수도 있다.

19. 노척비(露脊鼻)

꾀를 부리는 도둑으로 신분이 낮고 천하다(奸究下流)

살집이 없고 콧등이 앙상하게 드러난 코를 말한

관상궁합

다. 콧마루와 양쪽 눈썹 사이가 낮다. 생김새는 부드럽기보다 사납고 거친 편에 가깝다. 인생이 평안하게 흘러가더라도 외롭고 빈궁한 삶을 살 수 있다.

20. 노조비(露竈鼻)

의식주 부분이 항상 빈궁하다(口食不敷)

콧구멍이 드러난 코를 말한다. 콧대가 높으며 콧구멍은 안이 보일 정도로 크다. 어렵고 고된 일을 겪으며 고달픈 삶을 산다. 먹고사는 것이 충분하지 않다. 인생 후반에는 고향을 떠나 다른 곳에서 생을 마감한다.

21. 장비(獐鼻)

더러움을 탐내며, 의리가 없다(貪垢背義)

노루의 코를 뜻한다. 코의 크기가 작고 뾰족하다. 콧구멍이 겉으로 보일 만큼 드러나 있다. 콧방울은 매부리코처럼 길다. 장비를 가진 사람은 집안 대대로 물려받은 재산이나 그 덕을 보더라도 그것을 지켜 내기 힘들다. 또한 인생이 잘 풀리지 않는다.

22. 성비(猩鼻)

재물을 누리면서 즐겁고 행복하게 살아간다(富貴好樂)

성성이(중국 상상 속 동물로 사람과 비슷하나 몸이 개와 같고 주홍색의 긴 털이 있다고 한다)의 코라는 뜻이다. 성비는 콧등이 높고 눈썹과 눈의 거리가 가깝고 눈썹 숱이 수북하게 많다. 이런 코를 가진 사람은 행동이 재빠르지 않지만 여유가 있고 덕을 중시한다. 얼굴이 넓고 몸이 다부진 편이다.

23. 녹비(鹿鼻)

재물을 누리면서, 의리 있게 살아간다(富貴好義)

사슴의 코라는 뜻이다. 코에 살집이 많고 가지런하다. 코끝의 모양도 둥그스름하다. 이런 코를 가진 사람은 쉽게 놀라며 다른 사람을 믿지 못해 의심이 많다. 그래서 불안해하거나 초조해하는 행동을 보이기도 한다. 또한 걸음걸이가 다른 사람보다 빠르다. 하지만 마음이 온화하고 정이 많아 자연스럽게 재물을 얻을 수 있으며 복 받은 삶을 살 수 있다.

24. 노공비(露孔鼻)

조상 복이 없고, 중년과 말년에 복이 없다(中末年無福)

겉으로 드러난 콧구멍을 가진 코라는 뜻이다. 이러한 경우, 조상의 위엄을 깎는 상이라 할 수 있다. 갖고 있는 부귀가 스스로를 지켜 주기 어려우니 중년에 재앙이 생기는 것을 조심해야 한다.

25. 사비(獅鼻)

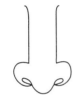

부귀를 누리며 장수한다(富貴長壽)

사자의 코를 말한다. 모양이 빼어난 편은 아니지만 남이 두려워할 만큼 위엄이 있고 난대와 정위가 잘생긴 코이다. 뛰어난 재주로 높은 벼슬을 얻고, 부자로 잘 살게 될 상이다.

26. 원후비(猿堠鼻)

의심을 잘하고 무심하니 배려하는 모습을 보기 어렵다(冷酷有心)

코뼈가 견고하며 노출이 되어 있다. 정위와 난대가 작으면서 콧머리가 뾰족한 것이 원숭이와 같다. 상대방에 대한 의심이 많고, 승냥이와 이리처럼 성격

이 모질다. 하지만 콧머리가 평평하면 복과 수명이 연장
될 수 있다.

27. 검척비(劍脊鼻)

남을 속이고 끝내 빈천해진다(假言行有後貧賤)

칼등 같이 뾰족한 콧등을 가진 코를 이른다. 이
러한 코의 경우 얼굴에 살집이 많아 기운차 보이
는 인상이라면 명예를 얻을 수 있다. 하지만 검척
비의 경우 대부분 형제복이 없으며 일평생 속이는 일만
도모하니, 이에 과로하여 훗날 병들고 망하게 된다.

28. 상비(象鼻)

창업을 하여 점점 안정을 얻게 된다(創業安定)

코끼리 코라는 뜻으로, 이마에서 코로 연결된 부
분이 발달되지 않았지만, 콧머리가 맑고 깨끗하다.
연상과 수상 부위가 평평하고 기울지 않으니 구슬
을 쌓아 모으고 황금이 흙덩어리처럼 쌓이는 상이다.

입

입은 음식을 먹는 것뿐만 아니라 말을 통해 사람의 마음을 밖으로 드러내는 부위이다. 때문에 상벌과 화복을 판단하는 데 있어 가장 중요하다. 인중은 수명을 판단하는 기준이며, 인중의 넓이로 자식의 많고 적음도 알 수 있다.

1. 사자구(四字口)

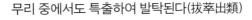

무리 중에서도 특출하여 발탁된다(拔萃出類)

사자四字 같은 모양의 입이라는 뜻이다. 입술이 가지런하게 잘 정돈되어 있으며 입술 끝이 위나 아래로 치우쳐 있지 않다. 머리가 영리하며 능력과 학식이 풍부하다. 이런 입을 가진 사람은 고위 공직에서 일하며 재물과 명예를 얻을 수 있다.

2. 방구(方口)

녹을 받으며 먹고사는 일에 부족함이 없다(食祿千鍾)

모양이 삐쭉삐쭉한 입술을 말한다. 입술이 붉그스름하게 빛나며 부드럽다. 또한 입술이 잘 정돈되어 있다. 웃을 때 치아가 드러나지 않으면 재물과 명예를 누리며 살 수 있다.

3. 앙월구(仰月口)

돈을 잘 벌 수 있다(祿在其中)

위로 휘어진 달 같은 입이라는 뜻이다. 입꼬리가 올라가 있으며 입이 위쪽을 향해 굽어 있다. 하얀 치아에 입술은 불그스름하다. 어휘력이 뛰어나 유명세를 크게 탈 수 있다. 하는 일에 성공하여 재물과 명예를 얻을 수도 있다.

4. 만궁구(彎弓口)

이름을 세상에 떨치며 살 수 있다(特達名揚)

입이 활처럼 굽었다는 뜻이다. 입술의 모양이 활시위를 당긴 것처럼 탄력 있고, 두툼하고 불그스름하다. 살면서 유명세를 탈 수 있고 중년에는 재물과 명예를 얻으며 일이 잘 풀린다.

5. 우구(牛口)

장수하면서 복을 누리며 살 수 있다(福壽悠遠)

소의 입을 뜻한다. 입술이 두툼한 편이고 살집이 있다. 평생 동안 먹고사는 문제에서는 걱정하지 않아도 된다. 겉으로는 흐리멍덩해 보일 수 있으나 마음씨가 깨끗하고 곱다. 몸 또한 건강하여 평안하게 산다.

6. 용구(龍口)

귀한 신발을 신고 높은 지위에 올라갈 수 있다(珠履簪纓)

용의 입이라는 뜻이다. 입술에 두툼한 편이며 가지런히 정돈되어 있다. 또한 입술이 뚜렷하며 빛난다. 이런 입을 가지고 있는 사람은 리더십이 있어 대통령이나 고위 공직자로 일할 수 있다. 용구를 가진 사람은 흔하지 않다.

7. 호구(虎口)

덕과 권위를 가지고 세상을 아우르고 성취할 것이다(德威幷濟)

호랑이의 입을 뜻한다. 입이 넓고 크며 가지런하다. 이런 입을 가진 사람은 막대한 권력을 얻을 수 있다. 호구를 가진 사람은 흔하지 않고 귀해서 저절로 재물을 얻을 수 있다.

8. 양구(羊口)

아무런 실속 없이 세월을 보낸다(流年虛度)

양의 입이라는 뜻이다. 입술 모양이 길쭉하고 얇으며 뾰족하다. 이런 입을 가진 사람은 수염이 없다. 음식을 먹을 때 욕심이 많아 추하게 먹으며 다른 사람에게 미움을 사기도 한다. 하려는 일이 잘 풀리지 않아 험한 일을 많이 당하면서 궁핍하게 산다.

9. 저구(猪口)

뜻밖에 재앙이나 사고로 인해 제명을 다하지 못하고 죽는다(終於非命)

돼지의 입을 뜻한다. 윗입술이 길쭉하고 넓으며 부드럽지 않다. 아랫입술은 작고 뾰족하다. 이런 입을 가진 사람은 다른 사람을 험담하기를 잘 하고 꾀를 부리는 등 마음이 곱지 않다. 또한 장수하지 못하고 갑자기 사고를 당할 수 있다.

10. 취화구(吹火口)

열매를 맺지 못하고 공허하다(虛花無實)

마치 불을 불고 있는 듯한 입이라는 뜻이다. 입이 뾰족하게 생겼다. 한번 입을 열면 좀처럼 닫지 않는다. 궁핍하게 살아가며 장수하지 못한다. 자식을 얻지 못할 수도 있다.

11. 추문구(皺紋口)

힘들게 떠돌아다니며 덧없이 산다(浮生碌碌)

주름이 많은 입이라는 뜻이다. 목소리에 울음이 있는 듯하며, 장수할 수는 있으나 홀로 외롭게 살아간다. 인생 초반에는 평안하게 살아갈 수 있지만 인생 후반에는 운이 없다. 자식 수가 적은데, 그 자식의 수명도 짧다.

12. 앵도구(樓挑口)

영리하고 학문에 뛰어나다(聰明秀學)

앵두 같은 입술을 말한다. 입술의 크기가 크고 부드러우며 빛난다. 치아는 크고 촘촘하다. 앵도구를 가진 사람은 온정이 많고 부드러운 성격을 지녔다. 머리가 영리하여 어딜 가든지 뛰어나게 잘 해낼 수 있다.

13. 후구(猴口)

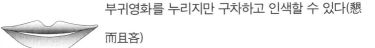

부귀영화를 누리지만 구차하고 인색할 수 있다(懇而且吝)

원숭이의 입을 뜻한다. 후구는 입술이 전체적으로 길고 균형을 잘 이루고 있다. 여기에 인중이 또렷하면 좋다. 몸이 다부지고 장수할 수 있다. 또한 평생 동안 부와 명예를 누리면서 풍족하게 살 수 있다.

14. 점어구(鮎魚口)

제멋대로 떠돌아다닌다(枉在浮生)

메기의 입이라는 뜻이다. 입술이 넓고, 입꼬리가 메기처럼 아래로 늘어져 있으며 뾰족하다. 점어구를 가진 사람은 장수하기 힘들다.

15. 즉어구(鯽漁口)

먹고살기 힘들고 바쁘다(徒然在世)

붕어의 입을 뜻한다. 입의 크기가 작은 게 특징이다. 평생 동안 물질적으로 궁핍하여 먹고사는 데 문제가 있다. 운이 없어서 재산도 잃고, 여기저기 떠돌아다니는 신세가 될 수 있다.

16. 복선구(覆船口)

넘어지고 떠돌아다니며 힘들게 산다(顚沛流離)

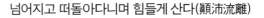

입이 마치 배가 뒤집어져 있는 듯하다고 해서 붙여진 이름이다. 입술의 테두리가 뚜렷하지 않고, 입술색 또한 붉은빛이 거의 없고 선명하지 않다. 복선구를 가진 사람은 거지가 될 수 있다. 또한, 평생 동안 재물이 없고 궁핍하고 힘들게 살아간다.

17. 복강구(覆舡口)

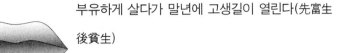

부유하게 살다가 말년에 고생길이 열린다(先富生
後貧生)

입술이 덮어진 배의 모습 같다는 뜻이다. 불평불
만에 가득 차 있는 것처럼 밉상스러운 느낌을 준다. 모
양이 돼지의 간과 같고 입술색이 붉어져서 불을 뿜는
것 같으면 비록 지금은 여유롭다고 하더라도 나중에는
부족해진다. 또한 세상을 떠돌며 고생을 면하기 어렵다.
이러한 입을 가진 사람이라면 삶을 반성해 보고 덕을
쌓는 일에 노력해야 할 것이다.

치아

치아는 수명과 재물복을 보는 부위로 크고 곧으며 흰 것이 좋다. 특히 치아가 촘촘히 박혀 있고 가지런하면 부귀를 누린다고 말한다. 또, 치아가 가지런하고 큰 경우나 대화할 때 치아가 안 보이는 경우에도 명성을 누릴 수 있다. 치아가 빽빽하면 오래 살지만, 치열(齒列)이 어지러우면 건강이나 수명에 문제가 있다. 반면에 치아가 듬성듬성 나 있으면 경제적으로 어려움을 많이 겪을 수 있다.

1. 용치(龍齒)

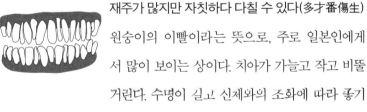

마음이 너그러우니 이름을 널리 알릴 상이다(心寬有名聲)

용의 이빨을 말한다. 치아가 촘촘하고 크다. 이러한 경우, 마음이 넓고 목소리가 뚜렷하여 장차 이름을 널리 알리게 되는 상이다. 특히 남성이 용치에 수염까지 길게 났다면 돈과 명예를 함께 얻을 상이다.

2. 후치(猴齒)

재주가 많지만 자칫하다 다칠 수 있다(多才番傷生)

원숭이의 이빨이라는 뜻으로, 주로 일본인에게서 많이 보이는 상이다. 치아가 가늘고 작고 비뚤거린다. 수명이 짧고 신체와의 조화에 따라 좋기도 하고 나쁘기도 하다. 기묘한 정신세계를 가지고 있는 사람이 많다. 또한 잔꾀나 재주가 능하여 부자도 많지만 재주를 부리다가 '원숭이도 나무에서 떨어지는' 격이 되기도 한다.

3. 서치(鼠齒)

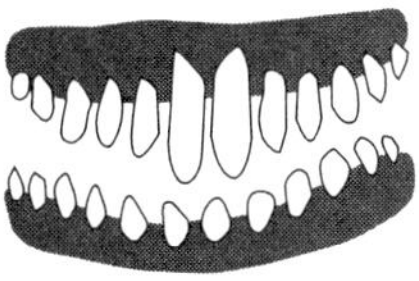

부귀하지만 입조심하지 않으면 사람을 잃게 된다(口舌人生)

쥐의 이빨을 뜻한다. 이러한 경우, 뾰족하고 듬성듬성 나 있는 치아를 가졌다면 재물은 잘 모을 수 있다. 하지만 말을 할 때 조심해야 한다. 남을 자주 비방하게 되면 화를 자초하여 인간관계가 어려워진다.

4. 우치(牛齒)

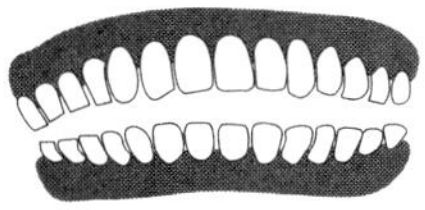

부귀하여, 후년엔 자녀 복도 얻게 된다(富貴末年得子福)

소의 이빨을 말한다. 치아가 크고 꽉 차 있으며 뾰족하지 않으니 단정하다. 재물복이 많고 자손이 잘된다. 만약, 여성이 이러한 치아면 아주 좋은 치아라 할 수 있다.

5. 호치(虎齒)

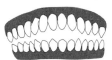

책임감 덕분에 부귀하지만, 건강을 조심해야 한다
(責任有富貴後傷體)

호랑이의 이빨로, 끝부분이 뾰족하며 촘촘하고 튼튼하다. 역마살이 강하여 직업상 많이 돌아다닐 수 있다. 똑똑하고 총명하여 주어진 일을 책임감 있게 처리해 내서 돈을 많이 벌 수 있다. 하지만 위가 안 좋으니 건강을 조심해야 한다.

6. 귀치(鬼齒)

말실수 때문에 화를 당한다(口舌禍像)

귀신의 이빨이란 뜻이다. 전체적으로 뾰족하나 특히 송곳니 부분이 흡혈귀처럼 생겼다. 말주변이 뛰어나나 꾀가 많고 행동이 가벼워 가난하게 살 수 있다. 큰 형벌을 당할 수 있으니 조심해야 한다.

완벽한 얼굴은 없다

많은 사람들이 세상에서 가장 완벽한 관상은 어떤 것이냐고 묻고는 한다. 보통 관상가들은 부처의 관상을 제일 좋은 관상이라고 말한다. 그러나 정작 부처도 출가하여 고독한 삶을 살았다. 때문에 모두 공감할 만한 좋은 관상은 아닌 것 같다. 그렇다면 누구나 만족할 만한 관상은 무엇일까? 세상에서 가장 완벽한 관상에 대한 나의 대답은 이렇다.

"완벽한 얼굴은 없다."

의심의 여지가 없는 완벽한 관상은 없다. 어떤 좋은 관상이라도 사람에 따라 달리 보일 수 있기 때문이다. 완벽한 얼굴을 찾기보다는 자신의 관상을 제대로 아는 것이 중요하다. 관상을 보는 이유는 나를 알기 위해서다. 우리는 내가 어떤 그릇의 사람이 될 수 있는지, 어떤 재능이 있는지 관상을 통해 알 수 있다. 또한 나의 단점을 알게 되면, 그것을 보완할 수 있다. 나를 앎으로써 심신을 수양하고 자신감을 가질 수 있는 것이다.

그래도 가장 완벽에 가까운 관상이 무엇이냐고 묻는다면, 오행 중 어떤 하나의 형이 뚜렷하면 완벽한 관상에 가깝다고 답하겠다. 달리 말하면, 뚜렷한 오행 하나를 가져야 하는 것이다. 또한 생김새가 상극을 이루지 않아야 한다. 여기에 이목구비가 반듯하다면 완벽에 가깝다. 하지만 하나하나 들여다보면 그래도 아쉬움이 있기 마련이다. 예쁜 것과 완벽한 것은 다르다. 예쁘게 생겼더라도 그 부위의 관상이 좋지 않을 수 있다. 그래서 완벽한 관상이 없다고 말하는 것이다.

그럼에도 불구하고 사람들은 완벽해지고자 한다. 때문에 관상성형을 하는 사람도 있다.

얼마 전 나를 찾아왔던 선정(가명) 씨는 귀부인의 관상을 갖고 있었다. 관상대로 그녀는 자수성가형 능력자로 타고나, 여성임에도 불구하고 사회에서 성공하고 명예를 얻었다. 선정 씨는 내게 이렇게 물었다.

"제가 귀 모양은 괜찮은 것 같은데 귓불이 없었어요. 그래서 귓불을 만들었는데 어때요? 관상에서는 귓불이 두툼하고 내려온 게 좋다고 하던데, 이제 좋은 귓불인가요?"

깜짝 놀랐다. 눈에 보이는 다른 곳을 관상성형하는 경우도 있다지만, 인위적으로 귓불을 만드는 수술을 하다니… 완벽해지기 위한 인간의 욕심은 끝이 없는 것 같다. 귓불의 모양만 보면 관상적으로 좋게 변한 것은 맞다. 하지만 귀 끝에 상처가 보였다. 상처가 없어지지 않고 흉터로 남으면 좋지 않다. 때문에 나는 선정 씨가 완벽한 관상을 가지려 노력했음에도 불구하고 완벽한 삶을 살지 못할 것으로 보았다.

40대 중반 현경(가명) 씨도 완벽한 관상을 갖고 싶어 했다. 그녀는 이렇게 말했다.

"공부하는 게 재미있었고 어렸을 때부터 곧잘 했어요. 해외에서 박사학위까지 땄고 인생이 순탄하다고 생각했죠. 그런데 어느 순간 인생이 마음먹은 대로 되지 않더라고요. 남편과 사이가 안 좋아졌고, 결국 몇 년 전 이혼해서 지금은 혼자 살고 있어요. 처음에는 제가 아이를 키웠지만 경제적인 이유로 남편에게 아이를 맡길 수밖에 없었어요. 그게 너무 마음이 아파요. 아무리 열심히 돈을 벌어도 경제적인 상황이 나아지지 않아서 고민입니다. 언제쯤 아이와 함께 살 수 있을까요?"

시간이 흐른 뒤 현경 씨는 또 나를 찾아왔다. 그녀는 상황이 나아지지 않고 오히려 더 힘들어졌다고 말했다. 현경 씨의 외모는 성형수술로 달라져 있었다. 자신이 돈을 벌어서는 아이와 함께 살 수 없을 거라고 판단하고 경제력이 있는 번듯한 남자를 만나려고 했다. 예전에도 어디를 가나 남자들의 관심을 받는 수려한 외모를 가지고 있었지만 더 예뻐지고 싶은 욕심에 성형수술을 한 것이다.

현경 씨는 수술 후 누가 보아도 어색한 얼굴이 되었다. 관상학으로 보기에도 좋지 않았다. 관상적으로 성형수술을 반대하지는 않지만 예외가 있다. 바로 웃었을 때 어색한 얼굴이 되는 것이다. 그런 경우 나는 얼굴이 좋게 바뀌었든 예뻐졌든 무조건 좋지 않다고 본다. 현경 씨는 성형수술 후 인생이 더 힘들어졌다. 과도한 욕심을 부려 오히려 불행을 만들고 만 것이다. 과한 성형수술로 그녀는 본래의 매력뿐만 아니라, 혹시 있을지 모를 행운까지 잃게 되었다.

이처럼 성형을 고민하며 나를 찾아오는 사람이 참 많다. 그들 대부분은 성형 전 나에게 자기 관상의 부족한 부분을 묻고 그 부분을 바꾸면 나아질 수 있는지를 묻는다. 완벽해 보이는 얼굴도 결코 완벽하지 않다. 그래서 인위적으로라도 완벽해지고자 칼을 댔을 때 그 상처와 흉터가 오히려 옥에 티가 될 수 있다. 좋은 관상이란 어느 부위가 잘생겨서 좋을 수 있지만, 좋은 마음이 얼굴에 드러나서 좋을 수도 있다. 또한 얼굴의 각 부위가 서로 조화를 이루어야 좋은 관상이다.

이 책이나 관상학을 통해 자신의 얼굴 중 부족한 부분을 보게 되었더라도 성형수술이 능사는 아님을 기억하기 바란다.

장점을 돋보이게 하는 기술

관상에서 좋은 부위는 드러내는 것이 좋다. 그러기 위해서 부위별로 관상을 살피고 어떤 부분이 나에게 좋은지를 알아야 한다.

먼저 귀의 경우, 귀가 길고 얼굴 위쪽에 있다면 큰 명예를 얻는다. 귀가 눈보다 위에 있으면 스승이나 윗사람이 자신을 끌어 주며 그들에게 큰 도움을 받는다. 귀가 단정하며 두 눈썹보다 높이 있다면, 부귀영화가 따른다. 귀가 두껍고 둥글둥글하면 의식주가 편안한 삶을 산다. 귓불에 살이 많고 밑으로 향해 있으면 큰 부자가 될 수 있다. 이 경우 수명도 길다. 귀 안쪽에 털이 있는 경우도 수명이 길다. 귀에 검은 점이 있으면 귀한 자식을 낳는다. 때문에 귀에 점이 있다면 빼면 안 된다. 귀의 윤곽이 분명하고 손가락이 들어갈 정도로 귓구멍이 넓으면 지혜로운 사람이라고 판단한다. 귀가 불그스레하고 윤기가 있으면 공무원이 될 수 있고, 높은 위치에 오를 수 있다. 귀가 얼굴보다 유난히 하얗다면 널리 이름을 알리게 된다.

이렇게 좋은 귀를 가진 사람의 경우 귀를 내보이는 것이 좋다. 양쪽도 괜찮지만 한쪽만 드러내는 것이 더 좋다. 장점이라도 너무 드러내면 과할 수 있기 때문이다.

입은 단정하고 두툼하며 붉어야 좋다고 본다. 험담을 많이 하면 자연스럽게 입이 못생겨지니 험담은 삼가야 한다. 입술의 윤곽이 분명하면서 크다면 수명도 길고 명예로울 수 있다. 주먹이 들어갈 정도로 입이 크다면 큰 인물이 될 수 있다. 입이 크고 네모난 모양이라면 총명하다. 입술이 붉으며 입꼬리가 길고 위쪽을 향해 있다면 더욱 좋다. 이경우, 문장력이 뛰어나거나 공부로 성공할 수 있다. 과거에는 큰 벼슬을 갖는 입이었다. 한편, 도드라지지 않고 약간 얇은 입술을 가진 사람이 다른 사람을 이끄는 위치에 서기도 한다.

인중이 길면 장수한다. 인중선이 분명하며 비뚤어지지 않아야 좋다. 인중 위가 좁고 아래가 넓으면 자손이 많다. 혀는 길고 크며 날카로운 것이 좋다. 혀를 내밀어 코끝에 닿으면 근력이 좋다. 이 경우 군인, 경찰이나 운동선수 등을 하면 좋다. 혀가 단단하고 붉다면 귀한 사람이 될 수 있다. 혀에 일직선으로 주름이 길게 있으면 성공하여 높은 위치에 오른다. 혀가 작고 입이 크면 경쾌하게 말하는 편이다. 혀가 작지만 긴 경우 인품이 좋으면 관직에서 이름을 날린다.

치아의 경우 맑은 흰색이면 만사형통이다. 입술이 붉고 지아가 희다면 훌륭한 학자가 될 수 있다. 촘촘하고 모나면 리더십이 좋다. 치아는 많은 것이 좋다. 옛말에 치아가 38개면 왕의 상이고, 34개면 조정에 드나들며, 32개면 복이 많다고 했다.

다음은 눈이다. 눈이 크고 빛나면 땅을 많이 얻게 된다. 또한 번개 같은 눈빛을 가졌다면 굉장히 귀한 눈이라 할 수 있다. 눈빛이 맹렬하고 위세가 있다면 큰 리더가 될 수 있다. 어려운 일이 닥쳤을 때 눈빛이 크게 흔들리지 않고 차분하다면 마음이 강한 것이다. 이런 경우 복이 많다.

눈 아래에 살이 많으면 귀한 자식을 얻는다. 중년 여인의 눈에 흑백이 분명하다면 귀부인이라 할 수 있다. 눈 아래가 깨끗한 여자는 결정을 내릴 때 명확하고 깔끔하며, 눈 아래에 어지럽게 주름이 많은 여자는 자식을 많이 낳는다고 본다. 눈 아래가 두꺼우면 딸을 많이 낳는다.

두 눈 사이는 자손궁子孫宮으로 보는데, 이 자리는 함몰되지 않아야 한다. 코뼈의 위치는 높아야 좋다. 미간의 색이 밝고 빛난다면 고위 공직에 오를 수 있고, 수려한 배우자를 얻게 된다. 고서에는 눈이 길면 왕을 가까이 모시게 되는 상이라 했다. 눈보다 눈썹이 길면 재물이 많다. 눈썹이 긴 사람 중에 충직한 사람이 많다.

눈꼬리가 이마를 향해 올라가 있으면 복이 많다. 눈썹 끝이 위로 올라간 사람은 강직하다. 눈과 눈썹 사이가 멀고 단정하면 천성이 밝고 쾌활하다. 눈썹 가운데 사마귀가 있고 총명하다면 귀하고 현명하다. 눈썹이 눈과 거리가 멀어 위쪽에 있으면 높은 자리에 오르며 성공하고, 귀한 사람이 될 수 있다. 눈썹에 흰 털이 난 사람은 장수한다. 눈썹이 초승달 같이 생기면 총명하다.

코는 뼈가 단단할수록 수명이 길다. 코끝에 살이 많고 두툼하면 남에게 해를 끼치지 않는다. 코끝에 살이 많고 동글동글하다면 의식주에 부족함이 없다. 연상, 수상이 밝게 빛나고 깨끗하면 부자가 되고 수명이 길다. 미간과 콧등이 부드럽게 이어졌다면 배우자운이 좋다. 코가 단정하고 둥글며 콧구멍이 큼지막하면 높은 지위에 오를 정도로 성공한다. 양쪽 콧구멍이 앞에서 보이지 않으면 총명하고 널리 이름을 날린다. 코가 이마까지 높고 길게 연결되어 있으면 리더십이 좋고, 코가 반듯하고 높으면 그 분야에서 높은 자리에 오른다. 콧등과 코끝이 곧으면 평생 부와 명예가 따른다. 콧등이 곧지 않으면 사교성이 있다. 또한 코가 밝다면 부와 명예가 따른다.

이외에 두피가 두툼하여 주름이 많다면 귀하다. 관자놀이에 솟은 뼈와 귀 위에 솟은 뼈가 발달되어 있으면 부와 명예를 얻는다고 본다. 이마는 솟아 있고 두꺼울수록 좋다. 어느 정도 솟아 있고 마치 벽처럼 평평하다면 더할 나위 없이 좋다. 단, 이마의 모양이 분명하고 넓으며 모가 나야 한다.

좋은 관상이 되고자 노력하는 것도 삶을 개선하는 데 도움이 된다. 예를 들이, 코기 밝게 빛니도록 미백 기능성 화장품을 이용하는 것이 좋으냐고 묻는다면 나는 고개를 끄덕일 것이다. 메이크업으로 눈썹을 길게 그리는 것도 장점을 만드는 방법이다.

누구에게나 좋은 관상은 존재하기 마련이다. 좋은 관상 부위라면 그것을 드러내는 게 좋다. 너무 과하면 좋지 않으니 적당히 말이다. 이렇듯 관상을 통해 미처 발견하지 못했던 자신의 좋은 운을 찾아냈으면 한다.

단점을 어떻게 보완할 것인가

관상과 사주팔자의 단점을 보완하면 그것이 터닝포인트가 되어 인생을 바꿀 수도 있다. 먼저, 장점과 마찬가지로 어떤 것이 나쁜 관상이고 왜 단점이 되는지 알아야 한다.

귀의 경우, 양쪽 귀 크기에 차이가 크다면 하는 일이 순조롭게 풀리지 않는다. 귀가 종이처럼 얇으면 건강이 안 좋고 수명이 짧을 수 있다. 귀 양쪽 모두 뒤집힌 모양이라면 고생스럽고 어려운 일을 겪는다. 또한 열심히 일을 하더라도 뛰어날 수 없다. 귀가 뒤집히고 비뚤어졌다면 안정적인 거주가 아주 중요하다. 집을 사서 가지고 있는 것이 좋다. 귀가 뒤집히고 귓바퀴가 없다면 직업이 굉장히 중요하다. 가늘고 길게 할 수 있는 안정적인 직업을 갖는 게 좋다. 귀가 검붉은 색이면 돈이 마르기 시작한다.

눈이 동그랗지만 작고 짧다면 가장 좋지 않은 상이다. 눈이 크고 둥글며 튀어나와서 화난 듯하면 병에 걸리기 쉽고 수명이 짧다. 눈이 안으로 쑥 들어가서 깊은 느낌이 나면 음란한 눈이다. 단, 안경을 오래 써서 들어간 눈은 해당되지 않는다. 눈의 길이가 짧으면 공부와는 거리가 멀다. 눈이 삼각형 모양이면 악한 마음을 가진 사람일 수 있다. 눈동자가 적고 흰자위가 많으면 범죄에 유의해야 한다.

눈이 탁하며 흘겨보는 사람은 올바르지 않은 사람이다. 눈이 튀어나오고 곁눈질을 하는 사람은 음란하다. 훔쳐보는 눈은 음탕한 눈이다. 도둑질을 하는 사람일 수도 있다. 여성의 경우, 눈에 눈물이 맺힌 듯 촉촉하면 음란하다고 본다. 눈을 치켜뜨고 불안한 기운을 띠면 건강을 쉽게 잃을 수 있다. 눈이 붉고 누렇다면 건강을 가장 조심해야 한다. 붉은 실핏줄이 눈동자를 꿰뚫은 사람은 굉장히 흉하다. 눈이 누렇고 실핏줄까지 있으면 배우자를 해롭게 할 수 있다. 임신부인데 눈 아래 적색을 보인다면 산고를 겪을 수 있다.

한편, 눈 앞부분에 상처나 흉터가 생기면 집안의 재산이 없어진다. 눈썹 위에 옆으로 주름이 있으면 가난하고 고달프다. 눈썹이 끊어지고 상처가 있으면 간사한 사람일 수 있다. 눈썹이 유난히 없는 사람은 자식이 잘 안 될 수 있다. 눈썹이 활과 같이 굽으면 성품은 착하더라도 야망이나 목표 없이 살아갈 수 있다. 눈썹이 너무 짙고 굵은 사람 중에 험한 일을 하는 사람이 많다. 눈썹 털이 드물고 그 아래 뼈가 높이 솟았다면 친성이 급하고 막히는 일이 많다. 흉한 불량배 기질이 있을 수 있다. 팔자 눈썹은 간사한 경우가 많다. 눈썹 머리가 맞닿아 있으면 가난하거나 복 없이 자란 경우가 많다.

코의 경우 연상과 수상의 색이 검고 살집이 별로 없는 채로 피부가 얇으면 흉하다. 코끝에 붉은빛을 띠면 바쁘게 산다. 코끝이 뾰족하고 가늘면 계략 꾸미기를 좋아한다. 코끝에 살이 많고 늘어졌다면 음란하고 욕심이 많다. 코끝이 뾰족하고 피부가 얇다면 외롭고 가난하게 산다. 코가 위로 뾰족하고 뼈가 드러나면 눈물 마를 날이 없다.

콧등에 뼈가 드러나지 않으면 건강과 수명을 주의해야 한다. 콧등에 살이 없고 뼈가 드러나면 허드렛일을 할 수 있다. 산근山根(콧마루와 두 눈썹 사이)은 끊어져 있으면 안 된다. 콧구멍이 드러나 있는 사람은 남을 비방하기를 좋아한다. 코에 가로로 주름이 있으면 아이가 있는 사람을 배우자로 만날 수도 있다.

매부리코는 눈과 함께 보아야 한다. 코가 굽은 것이 매부리 같다면 간교하여 다른 사람에게 피해를 줄 수 있다. 매부리코에 눈이 독하게 생기면 흉하나, 눈이 선하면 좋은 상이다. 코가 여러 번 굽어 있다면 흉하고, 코가 비뚤고 굽었다면 신고辛苦가 있을 상이니 주의해야 한다.

그다음 입의 경우, 입술 끝이 아래로 늘어지고 힘이 없다면 좋지 않다. 입꼬리가 뾰족하거나 입술선이 분명하지 않은 것도 마찬가지이다. 이 경우 오래가는 직업을 가져야 한다. 비뚤어진 입을 가졌다면 시비를 거는 사람일 수 있다. 이 경우, 인간관계에서 고생을 겪을 것이니 신경 써서 행동해야 한다. 입술이 뒤집어지고 한쪽으로 기울었다면 인생에 힘든 일이 많다.

입술이 뾰족하고 얇은 것은 좋지 않다. 입이 뾰족하면 자식복이 없고, 늘 말로 인한 화가 따라다녀 고독하게 산다. 입술이 얇고 힘이 없으면 가난하다. 윗입술과 아랫입술의 비율이 같은 것이 좋다. 윗입술이 얇은 사람은 허세가 있거나 거짓말을 많이 할 수 있다. 아랫입술이 얇은 사람은 대체로 추진력이 없어 가난한 경우가 많다. 입술 위아래가 모두 얇으면 공허한 말을 많이 한다.

항상 입을 벌려 치아가 보이면 수명이 짧을 위험이 있다. 입술이 꽉 다물어지지 않으면 돈이 샌다. 입이 작고 짧으면 대인 관계에 어려움이 있으니 영업직보다는 관리직이 좋다. 말하기 전에 입술을 먼저 움직인다면 간사한 사람일 수 있다.

혀가 가늘고 긴 사람이 거짓말을 잘하면 일생에 화가 끊이질 않는다. 혀가 작고 끝이 뾰족하면 욕심이 많다. 혀가 검으면 흉하다. 혀가 너무 파여 있으면 일이 막히는 경우가 많다. 입술을 혀로 자꾸 핥는 사람은 음란한 경우가 많다. 혀가 크고 입이 작으면 말을 잘하지 못한다. 혀가 작고 짧으면 가난한 사람으로 본다. 인중의 경우 인중선이 불분명하면 일이 막히고 재앙이 많다. 인중 위가 넓고 아래가 좁으면 자식이 적다. 인중이 짧으면 수명도 짧다.

치아가 거무스름하고 윤기가 없으면 뼈가 약해 병에 걸릴 수 있다. 치아가 누렇다면 막히는 일이 많을 수 있다. 윗니는 넓고 아랫니가 뾰족해서 톱날 같으면 성격이 좋지 않고, 고기를 좋아할 수 있다. 윗니가 뾰족하고 아랫니가 넓다면 볼품없는 사람인 경우가 많고, 채식을 즐긴다. 치아가 듬성듬성한 것은 소인배의 치아라고 한다. 치아가 가늘고 짧으며 듬성듬성하면 가난하며 수명이 짧을 수 있다. 앞니가 뒤틀려 있으면 성격이 예민하고 매사에 짜증이 많다. 전체적으로 치열이 고르지 않은 경우 그 사람의 눈을 보고 성격을 판단해야 한다. 눈이 아주 맑다면 치아와 상관없이 천성이 착한 사람이 많다. 치열이 고르지 않고 눈도 맑지 않으면 성격이 못된 사람이 많다. 그렇다고 치아교정을 무턱대고 할 필요는 없다. 치아교정으로 인해 성격이 개선될지 장담할 수 없기 때문이다.

얼굴 전체와 머리 부분의 나쁜 관상은 이렇다. 먼저, 얼굴이 기울었다면 좋지 않다. 또한 얼굴빛이 번들거리고, 하는 행동까지 추하면 천한 상이다. 피부가 얇아도 흉하다. 피부가 좋지 않은데 성격이 예민하면 가난하다. 행동이 느긋하고 몸은 말랐는데 얼굴에 살이 있다면 오히려 행동이 급해 크게 성공하지 못할 수 있다. 머리의 우측이 함몰되면 어머니를 잃고, 좌측이 함몰되면 아버지를 잃는다. 걸을 때 머리를 흔들면 가난한 사람으로 본다.

얼굴이 희고 몸이 검은데, 하는 행동이 눈에 거슬린다면 힘들게 산다. 얼굴색은 짙은 편이지만 몸은 하얗다면 반드시 성격을 보아야 한다. 이 경우 좋고 나쁨이 극명하게 갈릴 수 있다. 얼굴이 지나치게 붉다면 건강을 주의해야 한다. 화났을 때 얼굴이 청색이나 남색으로 변하는 사람은 마음이 독한 사람이다.

이마에 주름이 사방으로 어지러우면 감옥에 갈 수 있다. 이마가 뾰족하고 좁으면 별 볼 일 없는 사람이다. 이마와 광대뼈, 턱이 유난히 튀어나온 남자는 자식에게 좋은 아버지가 되지 못하고 가난하게 살며, 여자의 경우 남편을 극하게 된다. 정수리가 짧은 사람은 수명이 짧다. 한편, 주름 없이 팽팽한 두피는 좋지 않다. 병에 걸릴 위험이 크기 때문이다.

자신의 얼굴이 위와 같은 단점에 해당된다면, 먼저 그 부위가 좋지 않을 때 나타나는 현상이 무엇인지 살펴야 한다. 타고난 외모가 문제인지, 마음을 다스려야 하는지 판단하는 과정이 필요한 것이다. 외모가 문제라면 메이크업과 경우에 따라 성형으로 이를 극복할 수 있다. 좋지 않은 부위를 보이지 않게 가리는 것도 방법이 될 수 있다.

한편, 단점을 장점으로, 불운을 운으로 바꿀 수 있는 방법도 있다.

냉소적인 말투에 웃는 표정이 어색하고 모난 성격을 가진 사람들이 있다. 이런 사람들의 사주를 보면 열 중 여덟은 부모 중 한 분이 안 계시거나, 부모의 이혼에 큰 상처를 받은 경우가 많다. 사주 전문용어로 말하자면 인성이나 재성이 크게 손상을 입었거나 아예 없는 것이다. 이런 사람들은 사회생활을 하면서 인간관계에 어려움을 많이 겪는다. 나이가 들고 아랫사람이 생기면 이런 단점이 더 드러난다. 의외로 이런 사람들은 쉽게 불운을 바꿀 수 있다. 방법은 바로 인사와 미소다. 예를 들어 회사라면, 사람들을 미소로 대하고 인사만 잘 해도 사람들이 먼저 다가오고 호의를 베풀 것이다. 여기에 더해 상대방에게 약간의 관심을 가지면 인간관계의 어려움을 해소할 수 있다.

운은 노력하는 사람에게 더 많은 기회를 준다는 사실을 명심하기 바란다.

동물로 나눈 관상

신체는 미꾸라지를 닮아 약삭빠르게 생겼으며 얼굴은 맹금류를 닮은 남자와 강인한 뼈를 지녔으며 눈빛이 반짝이는 여자가 사업 궁합을 보러 나를 찾아온 적이 있었다. 두 사람은 함께 사업을 하려고 하는데 어떻겠냐고 물었다. 부동산과 경매에 관련된 일을 하는 사람들이었다. 궁합이 좋아 상호보완이 가능한데, 남자는 말을 적게 하고 여자가 말을 많이 하는 쪽으로 사업을 풀어 가면 큰돈을 만질 것이라 말했다. 실제로 두 사람은 열심히 일을 한 결과 좋은 성과를 이루었고, 현재까지도 파트너로서 잘 지내고 있다고 한다.

남자는 목木형의 맹금류 상이었고, 여자는 화火형과 토土형의 기운이 섞인 편안한 느낌의 리더 상이었다. 마르고 약삭빨라 보이는 상이 말이 많으면 일을 그르치는 경우가 많다. 때문에 정확한 이야기만 하는 것이 좋고 그 외에 이야기는 줄이는 것이 좋다. 두 사람은 그런 면에서 궁합이 아주 잘 맞았다.

관상궁합

남자의 예처럼 관상을 하나의 동물로 표현할 수 있다. 여기서는 관상을 각 동물에 비유한 유형을 나열했다. 아래 동물 관상은 고서《신상전편神相全編》에 수록된 53가지 인상금수형人像禽獸形(인간의 생김새를 동물로 비유한 유형)를 참고했다.《신상전편》에서는 동물의 상을 빗대어 사람이 이러한 동물을 닮았다면 이러하다고 설명해 놓았다. 이것이 바로《신상전편》의 금수시禽獸詩이다. 고서의 내용이 복잡하고 이해가 어려워 전체적인 내용을 싣지 않고 외모적인 부분과 성격적인 부분으로 나누어 의미만을 간단히 소개하겠다.

금수시에서는 인상人像에 여러 짐승 이름을 붙여 약 50가지 형상으로 구분하였다. 형상을 간추려 이를 현대말로 쉽게 풀었다.

1. 봉형(鳳形)

봉황의 형상이다. 봉황이란 실제 존재하지 않는 상상의 새로, 봉형의 경우 눈이 중요하다. 아시아인의 가늘고 긴 눈이 가장 대표적인 봉형이라 할 수 있다.

외모

- 눈과 눈썹 사이의 간격이 넓을수록 좋다.
- 눈이 길게 찢어진 듯한 느낌이 나며 콧등이 반듯하다.
- 남녀 모두 뚱뚱하지 않고 다소 근육형 체형이다.
- 땅을 보고 걷지 않고 정면을 응시하고 걷는다.
- 체격이 크거나 작기보다는 보통 또는 그보다 약간 큰 게 좋다.

성격

- 꼿꼿한 자세에, 도도한 기운이 넘쳐난다.
- 행동에 절도가 있고 어떤 일이든 쉽게 흔들리지 않는다.
- 머리가 좋고 학업이 우수하다.
- 저속한 말 표현을 쓰지 않는다.

이러한 상은 위대한 지도자가 될 상이다.

2. 학형(鶴形)

외모

- 콧방울이 작고 눈의 끝부분이 여러 갈래로 나뉜다.
- 머리뼈가 울퉁불퉁하며 얼굴 폭이 갸름하다.
- 손가락이 가늘고 목 또한 가늘고 길다.
- 걸음이 빠르고 짝다리로 오랫동안 서 있는 버릇이 있다.

성격

- 온유한 성격이며 말수가 적다.
- 그림 그리기를 즐겨 하고 자연을 좋아한다.
- 허약한 체질이 많아 비노동 직업군에 종사하며 예술가가 많다.
- 동료들과 싸우지 않고 잘 지내는 편이다.

이러한 상은 시험을 통해 공무원이 되거나 사무직 또는 예술 분야에서 종사할 상이다.

3. 독수리형(鷲形)

외모

- 눈이 동그랗고 붉으며 코가 약간 매부리코처럼 생겼다.
- 입꼬리가 갈고리처럼 뾰족하게 위로 올라가 있다.
- 이마가 넓고 둥글다.
- 턱이 단단하게 생겼으며 주로 각이 져 있다.

성격

- 용맹하며 걸음걸이가 씩씩하다.
- 이익을 보는 것에 있어 굉장히 적극적이고 집요하다.

이러한 상은 군인이나 경찰 또는 펀드매니저 등 무언가를 집요하게 파고들어 결실을 얻어 내는 업종에서 두각을 보인다.

4. 제비형(燕形)

외모

- 눈이 깊고 흑백이 분명하다.
- 코끝의 크기가 적당하며 그 모양이 동그랗다.
- 입이 작고 입술은 붉다.
- 다리가 예쁘고 남녀 모두 살이 찌지 않는 체형으로 호리호리하다.

성격

- 환경에 적응을 잘하나 스트레스 잘 받는 예민한 성격이다.

- 다양한 분야에 호기심이 많고 능력을 발휘한다.

- 예민한 성격 탓에 건강을 해칠 수 있다.

이러한 상은 예술가, 연예계, 화류계, 사교계 등에 많다.

5. 가마우지형(鸕形)

외모

- 눈이 약간 푸른색 또는 붉은색이다.

- 볼이 하얗다.

- 몸이 짧고 손발도 뭉툭하다.

성격

- 노래를 즐겨 부른다.

- 사생활을 드러내지 않는 편이다.

- 말이 많다면 줄여야 한다.

이러한 상은 평생 입는 것과 먹는 것을 걱정하지 않아도 된다.

6. 거위형(鵝形)

외모

- 눈이 작다.
- 보통 입이 작은 편인데, 반대로 입이 앞으로 나온 경우도 있다.
- 입술이 두꺼운 편이다.
- 목이 길고 다리는 짧다.

성격

- 행동이 느리다.
- 튀는 행동을 잘 하지 않고 자기 본연의 자리를 지킨다.

이러한 상은 리더보다는 리더를 보좌하는 역할에 좋다. 리더를 잘 만나면 크게 성공한다.

7. 앵무형(鸚鵡形)

외모

- 눈매가 길다.
- 코가 동그란 모양이며 얼굴에 비해 큰 편이다.
- 신체의 비율이 좋다.

성격

- 급한 성격으로 걸음이 빠르다.

- 말을 잘한다.

이러한 상은 방송이나 홍보, 언론 분야에서 두각을 나타낼 수 있다. 그러나 구설을 잘 일으킬 수 있어 인간관계에서 늘 소외당하는 편이다.

8. 공작형(孔雀形)

외모

- 얼굴이 작고 몸은 큰 편이다.
- 눈이 가늘고 길수록 귀한 사람이다.

성격

- 행동이 느린 편이나 부지런하다.
- 겉모습을 중시하고 잘 꾸미고 다닌다.
- 자신의 모습, 즉 명예를 우선시한다.
- 남자의 경우에는 일은 안 하고 허파에 바람만 잔뜩 들어간 사람도 많다.

이런 사람은 정치나 겉모습이 좋아 보이는 직업을 선호한다. 연예인 중에도 많이 있다. 폼 나는 일을 하려 하는데, 능력이 안 따라 주고 결실을 못 맺는 경우에는 가난하게 살 수도 있다.

9. 참새형(雀形)

외모

- 몸집이 작고 눈치가 빠르다.
- 눈이 둥글고, 눈동자가 맑지 않고 탁하다.

성격

- 잘 놀라고 겁이 많다.
- 분주하게 움직인다.
- 자신의 욕심 때문에 바쁘게 산다.

이러한 사람은 바쁘게 행동하는 것에 비해 결실이 적다. 특히 욕심이 너무 많이 티가 나서 사람들에게 비굴한 일을 당하기도 한다.

10. 왜가리형과 비둘기형(鳩鴿形)

외모

- 눈이 작다.
- 눈에서 붉은색이 많이 보인다. 실핏줄과 눈의 안쪽 가장자리도 해당된다.
- 검고 자줏빛이 나는 얼굴색을 가지고 있다.

성격

- 평소에 화가 많고 사람들과의 다툼이 많다.
- 밖으로 많이 다니고 집에 잘 들어오지 않는다.

이러한 상은 방랑벽이 많고 사람들과 친하지 못해 일을 제대로 이루지 못한다. 특히 인간관계에서 남과 크게 다투는 경우가 많아 분란을 만들어 낸다. 조직 생활에서도 늘 문제를 만드는 골칫거리다.

11. 원앙형(鴛鴦形)

외모

- 눈의 흰자위가 유독 하얗다.
- 얼굴에 붉은빛이 돈다.

성격

- 요염한 행동을 많이 하고 애교가 많다.
- 언행에 있어서 가볍고 질 낮은 말을 잘한다.
- 사치가 심하며 유희를 좋아하고 밝힌다.

이러한 상은 리더의 상은 아니며, 리더를 보좌하는 상으로 출세할 수 있다. 즐기고 노는 분야에서 두각을 발휘한다.

12. 까치형(鵲形)

외모

- 귀가 뾰족하고 얼굴에서 위쪽에 있다.
- 얼굴의 크기가 작고, 색이 푸르다.

성격

- 충성심이 있다.
- 성공욕이 강하여 기회를 놓치지 않으려 한다.
- 너그러운 면이 있다.

이러한 상은 잘되는 상과 못되는 상으로 많이 갈리는데, 잘되는 상은 큰 조직에서는 성공하지만 사업에서는 실패하는 경우가 많다.

13. 닭형(鷄形)

외모

- 눈이 동그랗고 쌍꺼풀이 길다.
- 눈이 전체적으로 동그란 모양에 위아래로 약간 길다.
- 머리가 작다.

성격

- 성질이 급하고 짜증과 화를 잘 낸다.
- 성격이 공격적이라 결혼 생활이 어렵다.
- 영리하고 말을 잘한다.

이러한 상은 투쟁심이 강하므로 상사나 부하를 다루는 데 있어서 조심해야 한다. 결혼 생활에 있어서도 남녀 모두 드세다. 특히 여성이 이러한 상이면 결혼 생활이 힘들다.

14. 오리형(鴨形)

외모

- 입이 넓고 크며 얼굴이 작다.
- 몸매가 둥글고 하체가 길다.

성격

- 말을 길게 하지 않고 핵심을 잘 전달한다.
- 행동이 느리다.

이러한 상은 부동산이나 다른 재산을 능숙하게 다루어 착실히 돈을 모은 부자인 경우가 많다.

15. 자고새형(鷓鴣形)

외모

- 눈이 누렇고 귀가 작다.
- 얼굴이 약간 붉은 편이다.
- 몸이 작고 허약하다.

성격

- 걸을 때 머리를 흔든다.
- 소심하고 내성적이며 자기 주관이 불분명하다.
- 도전정신이 약하다.

이러한 상은 승부에 약하므로 경쟁에서 밀려 도태될 수 있다. 때문에 후천적으로 강한 정신력을 길러야 한다.

16. 백로형(白鷺形)

외모

- 코가 길다.
- 다리가 길쭉하며 몸이 호리호리하다.

성격

- 걸을 때 머리를 흔든다.
- 깨끗이 몸단장을 한다.
- 몸이 움츠러드는 소심한 성격이다.
- 순수한 마음이 드러난다.

이러한 상은 큰 욕심만 내지 않는다면 사는 데 별 문제는 없겠지만 두 가지를 조심해야 한다. 첫 번째는 색인데 색을 밝히다 건강을 잃을 수 있으며, 두 번째는 식습관으로 잘못된 식습관을 가지면 몸이 말라 건강이 나빠질 수 있다.

17. 오랑캐새형(鶡形)

외모

- 눈이 동그랗고 두 눈썹이 올라가 있다.

- 상체가 발달했다.

성격

- 남의 물건을 탐낸다.
- 생활력은 강하지만 성격이 급하고 사납다.

이러한 상은 옛날에 도적이었던 경우가 많다. 현대에도 위험이 있지만 직업적으로 경매나 경쟁하여 무언가를 가져와야 하는 직업을 가지면 성공한다.

18. 기러기형(鴈形)

외모

- 눈과 눈썹이 작다.
- 하체가 길다.
- 고개가 한쪽으로 기울어져 있다.

성격

- 잘 놀라고 의심이 많다.
- 가족에 대한 사랑이 많고 친구들을 잘 챙긴다.

이러한 상은 조직 생활이 직합하고, 일찍 가정을 갖는 것이 좋다. 가정을 늦게 꾸리면 악한 사람들에게 많이 당한다.

19. 까마귀형(鴉形)

외모

- 코와 입이 뾰족하다.
- 얼굴이 동그라며 얼굴색이 검거나 자줏빛이 난다.

성격

- 말이 많아 남에게 미움을 산다.
- 욕심이 많아 사람들에게 속내를 잘 들킨다.
- 부정적인 말을 많이 하여 사람들을 기분 나쁘게 한다.

이러한 상은 조직 생활에서 분란을 조장하는 경우가 많다. 마음을 많이 갈고닦아야 하는 상이다.

20. 황새형(鸛形)

외모

- 눈이 크고 입이 뾰족하며 귀가 작다.
- 이마의 경우 좌우 끝부분이 들어갔으며, 모서리가 뚜렷하지 못하고 지저분하다.
- 목소리가 작다.

성격

- 감정 기복이 심하다.

- 매사에 의욕이 없다.

- 지구력이 약하고 학업이 부진하다.

이러한 상은 외모는 모범생 같으나 실제로 성적이 낮은 경우가 많다. 일찍이 학업에서 성과를 내기 어렵다면 기술을 배우거나 사무직으로 일하는 것이 좋다. 일찍 결혼하여 평범한 생활을 이루는 것이 낫다.

21. 호랑이형(虎形)

외모

- 눈이 크고 흑백이 분명하다.

- 눈에 광채가 강해 오랫동안 눈을 마주 보기 어렵다.

- 입술이 붉다.

- 머리가 크고 이마가 네모졌고 턱은 둥글고 크다.

- 등이 두껍고 체격이 크다.

성격

- 말소리에 울림이 있다.

- 성격이 활달하고 대담하다.

- 용맹하다.

이러한 상을 가진 사람은 반드시 지위가 높은 장군이나 장관 같은 고위직에 오른다. 주로 사람들의 생사대권을 관할하는 분야에 많다.

그러나 자식이 본인만큼 잘 안 되는 경우가 많다.

22. 용형(龍形)

외모

- 눈썹과 눈이 뚜렷하다.

- 코가 높다.

- 몸이 길쭉한 편이다.

성격

- 판단력이 분명하다.

- 말투가 명확하며 필요한 말을 분명히 한다.

- 능력이 뛰어나며 학업에서 높은 성과를 낸다.

- 행동이 가볍지 않고 우아하다.

이러한 상은 주로 왕에게서 보인다. 군주가 되거나 리더가 될 상이다.

23. 기린형(麒麟形)

외모

- 눈이 검고 아래로 처졌으며 눈썹이 굵다.

- 귀가 얼굴에서 높이 달려 있다.

- 이마와 볼이 넓다.

- 목이 길고 몸 또한 길쭉한 편이다.

성격

- 자신이 해야 할 것을 어릴 적부터 잘 안다.
- 품행이 바르고 원칙을 잘 지킨다.

이러한 상은 크게 귀하게 될 상이며 행정가나 정치가로 이름을 높인다.

24. 사자형(獅子形)

외모

- 눈의 흑백이 분명하고 눈썹이 거칠다.
- 입이 크고 얼굴 또한 네모지고 큰 편이다.
- 머리뼈와 눈썹 뼈가 튀어나와 있으며 골격이 크다.

성격

- 용맹하고 공격적이다.
- 포용력이 있다.
- 쉽게 화를 내지 않고 생각이 깊다.
- 충성심이 강하다.

이러한 상은 리더가 될 상인데 자신이 모시는 리더가 올바르다면 충성심으로 우두머리급에서 명성을 떨칠 상이다.

25. 코끼리형(象形)

외모

- 눈이 작고 눈가에 주름이 많다.
- 눈썹이 길며 미간이 평평하다.
- 귀가 크지만 귓속이 훤히 보이지 않는다.
- 치아가 드러나 보인다.
- 머리뼈가 솟아 있으며 체격이 크다.

성격

- 몸의 크기에 비례하듯 행동이 느리고 무겁다.
- 잠을 많이 자지 않는다.
- 남에게 의지하지 않는다.
- 앉은 자세가 침착하고 행동에 안정감이 있다.
- 말과 행동이 바르고 묵직하다.

이러한 상은 아주 귀한 상으로 부와 명성을 모두 얻을 수 있는 상이다. 공부를 잘한다면 큰 인물이 될 것이고, 그렇지 않더라도 사업으로 크게 성공할 수 있다.

26. 코뿔소형(犀形)

외모

- 눈이 크고 눈썹이 짙으며 귀 안에 털이 있다.

- 머리가 둥글다.
- 정수리가 높이 솟아 있고, 복서골伏犀骨(코뼈에서 이마까지 솟은 부분)이 일어났다.
- 얼굴을 위아래로 3등분했을 때 각각 비율이 일정하게 맞는다.
- 몸집이 크고 신체가 건강하다.

성격
- 판단력이 정확하다.
- 사람을 잘 보고 잘 다룬다.
- 생각이 시원시원하며 신체가 건강하다.

이러한 상은 사업으로 크게 성공할 상이다.

27. 원숭이형(猿形)

외모
- 눈동자가 검고 동그란 모양이 선명하게 보인다.
- 코가 작지만 콧방울은 풍만하다.
- 입이 작고, 입술은 얇다.
- 손이 길고 하체는 짧다.
- 마른 체형이다.

성격

- 걸음걸이가 경쾌하고 빠르고 가볍다.

- 상당히 영리하다.

- 시끄럽고 산만하며 남을 무시한다.

이러한 상은 장단점이 뚜렷한데, 높은 지위에 올라갈 수 있으나 그 자리를 오래 유지하지는 못한다. 권모술수에 능하며 정치인으로 성공하지만 주변에 적을 잘 만들기도 한다. 하지만 전문적인 분야일수록 이런 현상이 적고 오히려 승승장구한다.

28. 잔나비형(猴形)

외모

- 코와 귀가 얼굴에서 높이 달려 있다.

- 볼과 턱이 약간 아래로 쳐졌다.

- 얼굴색이 붉은 편인데 간혹 누런 경우도 있다.

- 얼굴의 광대가 크다.

- 머리는 둥글고 평평하며 머리카락과 수염이 길게 자란다.

성격

- 재주가 많고 영리하다.

- 자유롭게 활동하는 것을 좋아한다.

- 남을 무시하고 화를 잘 낸다.

이러한 상은 원숭이상과 비슷하지만 사업에서 능력을 잘 발휘하여 성공한다. 부자의 상이다.

29. 거북이형(龜形)

외모

- 코가 높이 솟았으며 볼과 턱이 두껍다.

- 이마가 벽처럼 단단하며 이마, 광대, 코, 턱이 서로 잘 솟아 있다.

- 머리가 뾰족하며 목은 길지만 팔다리는 짧다.

성격

- 자연을 좋아하고 순박하다.

- 사람들과 조화를 잘 이루고 남을 존중한다.

이러한 상은 부자가 될 상으로 장수하며 어딜 가도 대접받는다.

30. 소형(牛形)

외모

- 눈동자가 크고 빛난다.

- 목이 굵고 얼굴이 크다.

- 뼈가 튼튼하며 체격이 크고 건강하다.

관상궁합

성격

- 화를 내지 않으며 화가 나도 잘 참는 편이다.

- 끈기가 있고, 말수가 적다.

- 마음이 평온하여 다른 사람을 피곤하게 하지 않는다.

이러한 상은 근면성실하며 어딜 가도 인정받는 부자의 상이다. 단, 게으르다면 상이 같더라도 이에 해당하지 않는다. 어딜 가든 일이 많은 편이다.

31. 쥐형(鼠形)

외모

- 눈동자가 크고 빛난다.

- 입이 나왔고 치아가 작다.

- 귀가 머리 위쪽에 솟아 있다.

- 머리가 작다.

- 손발에 때가 잘 낀다.

성격

- 비밀이 많다.

- 남의 일에 관심이 많다.

- 돈이 되는 것에 관심이 많고, 돈을 잘 긁어모은다.

- 영리하지만 인색하고 이기적이다.

이러한 상은 돈은 있더라도 명예로운 사람이 되기 어렵다.

32. 뱀형(蛇形)

외모

- 눈이 동그랗고 색은 탁하다.

- 입이 길고 크다.

- 이마가 낮고 평평하나 뼈가 튀어나와 있다.

- 머리가 길고 몸도 길다.

성격

- 성격이 독하고 잔인하다.

- 타인을 동정하거나 배려하지 않는다.

- 공격당하면 보복해야 직성이 풀린다.

- 걸을 때 바로 걷지 못하고 좌우로 잘 흔들린다.

뱀의 상을 가진 사람을 적으로 두면 곤란하다. 사람을 피곤하게 하며 괴롭히는 것을 즐기기 때문이다. 이러한 상은 인생이 고되고 힘들며 피곤하다. 나쁜 일이 많이 생기기 때문에 인간미가 필요하다.

33. 말형(馬形)

외모

- 눈과 코가 길다.

- 입이 크며 치아가 크고 튼튼하다.
- 얼굴이 길다.
- 근육형 체질로 상체가 발달했다.

성격

- 덕이 있고 온화하다.
- 말이 적고 잠이 없다.
- 추진력이 있고 사람들에게 존경을 받는다.

이러한 상은 추진력 탓에 기업이나 조직에서 행동파인 경우가 많고, 일에서 성공할 가능성이 높은 편이다. 덕망이 높아 사람들에게 좋은 이야기를 많이 들으며 평판이 좋다. 성실하면 무조건 성공한다.

34. 양형(羊形)

외모

- 눈동자가 탁하고 입이 작다.
- 이마 부분이 좁고 머리가 네모졌다.
- 손발이 짧다.

성격

- 어떤 경우에는 자존심이 아주 강하지만, 다른 경우에는 아주 소심한 양극의 성격을 가졌다.

- 때문에 잔인하기도 하고 선량하기도 하다.
- 스트레스에 예민하여 짜증을 잘 낸다.

이러한 상은 극과 극이 갈리는 상인데 온순하고 성질이 사납지 않을수록 좋은 상이다. 재물복은 있지만 이성 문제로 구설수에 자주 오르내릴 수 있다.

35. 사슴형(鹿形)

외모

- 눈이 크고 눈동자가 검고 맑다.
- 귀가 머리 쪽으로 솟아 있다.
- 얼굴이 뾰족하고 길며 팔다리가 가늘다.

성격

- 온순한 편이다.
- 잘 놀라고 의심이 많다.
- 오래 앉아 있지 못하지만 걸음이 경쾌하고 가볍다.

이러한 상은 명예와는 거리가 멀고 재물과는 인연이 많다. 사회복지사와 같이 사람들을 돕는 일에 능력을 발휘할 상이다.

36. 곰형(熊形)

외모

- 치아와 턱이 강하고 이마가 턱보다 작다.
- 근육형은 아니지만 팔다리가 튼튼하고 다부지다.
- 몸이 둥글고 크며 돼지상과 달리 건장하다.

성격

- 자신의 힘을 과시하는 면이 있으며 힘을 믿고 사람들을 괴롭힌다.
- 순수하고 솔직하다.
- 인성이 잘 갖춰져 있는 사람도 많다.

이러한 상은 인성이 잘 갖춰져 있는 경우 일찌감치 성공하는 편이며, 어느 분야를 막론하고 성공할 상이다. 다만, 힘을 믿고 남을 괴롭히면 일이 뜻대로 되는 듯해도 결과적으로 실패하는 경우가 많다.

37. 물고기형(魚形)

외모

- 눈이 둥글고 그 색이 탁하다.
- 입이 작고 안으로 들어가 있다.
- 귀가 작고 목이 짧으며 몸은 긴 편이다.

성격

- 소극적인 성격으로 우유부단하다.
- 자신의 생각을 정확히 말하지 못해 사회에서 주로 보조하는 역할을 한다.

이러한 상을 가진 사람이 능력이 없다면 리더에게 충성하며 살아야 한다. 기술을 익혀 혼자만의 일을 해도 된다. 알부자가 많은 상이다. 뜻이 크고 능력이 좋다면 훗날 용이 될 수 있는 상이기도 하다.

38. 돼지형(猪形)

외모

- 눈이 탁하고 빨갛게 충혈되어 있다.
- 코가 들려 있고 귀가 뾰족하다.
- 얼굴이 길고 목이 굵은 편이다.
- 손발이 짧고 굵으며 살집이 많다.

성격

- 이기적이다.
- 식탐이 강하고 욕심이 많다.
- 사람들을 좋아하며 허세가 있고 과시하는 것을 즐긴다.

이러한 상은 두 가지로 갈리는데, 욕심이 많고 이기적인 경우와 안정을 추구하고 사람이 많이 따르는 경우이다. 전자에서는 해를 당하고 후자에서는 부자로 편안히 산다.

39. 개형(狗形)

외모

- 눈 색깔이 약간 누렇다.
- 귀가 뾰족하고 위로 솟아 있다.
- 목이 두껍고 얼굴이 큰데, 얼굴형이 뾰족하다.
- 몸과 발이 긴 편이다.

성격

- 성격이 급하지만 좀처럼 화를 내는 일이 없다.
- 크게 기뻐하거나 화내지 않는다.
- 충성심이 깊다.

이러한 상은 함께 일하기 좋은 상이며 누구에게도 폐를 끼치지 않는다. 공직에서 상사를 편하게 해주고 조직을 발전시킬 인격을 가진 상이다. 그러나 숨을 헐떡대는 사람은 몸이 허약하거나 크게 되기 어려울 수 있다.

40. 고양이형(猫形)

외모

- 눈이 크고 눈매가 올라가 있으며 눈의 색이 노랗다.
- 얼굴형이 둥글고 허리가 길다.

성격

- 깔끔하며 다소 느리게 행동하고 매사에 여유가 있다.
- 순진하지만 요염하기도 하다.
- 음식을 잘 먹는 편이다.

41. 노루형(獐形)

외모

- 눈이 크면서도 가늘고 눈썹은 굵고 폭이 좁다.
- 코는 작은 편이고 입과 입 주변이 뾰족하게 튀어나와 있다.
- 다소 긴 얼굴형을 갖고 있으며 몸이 호리호리하다.

성격

- 조용한 성격이다.
- 감정이 얼굴에 잘 드러나지 않지만 근심 걱정이 많은 편이다.

이러한 상은 예술가형인데, 주로 회기나 글을 쓰는 사람에 많다. 사색을 많이 하는 스타일이라 할 수 있다. 회사 생활이나 조직 생활에서 힘들어하며 의식주의 굴곡이 심한 편이다.

42. 새우형(蝦形)

외모

- 눈과 눈 주변에 어두운 색을 띠며 눈이 몹시 작다.
- 치아가 잘 보인다.
- 체형은 보통이나 등이 살짝 굽어 있다.

성격

- 정직하고 재치가 많다.
- 의사표현에 있어 솔직하고 표현력도 풍부한 편이다.
- 하지만 속을 알기는 어렵다.

이러한 상은 주로 개그맨에 많다. 재치가 풍부하여 말재간이 뛰어나 인기가 많다. 그러나 눈이 작아 용모가 뛰어나지는 않다.

43. 표범형(豹形)

외모

- 이마가 좁고 턱이 둥글다.
- 이마, 코, 광대, 턱이 울퉁불퉁 튀어나와 있다.

성격

- 용맹하다.

- 역마살이 강해 여기저기 잘 돌아다니며 해외와 인연이 많다.

- 사람을 잘 사귀는 편이지만 가족 간의 정은 깊지 않다.

이러한 상은 밖으로 잘 돌아다니며 한곳에 묶여 있는 것을 싫어한다. 군인으로 이름을 날리기도 하며 외교관으로 능력을 발휘하기도 한다. 학식이 깊지 않으면 무역업이나 가이드 등 해외와 관련된 일을 많이 한다.

44. 당나귀형(驢形)

외모

- 얼굴색이 노랗고 귀가 크다.

- 얼굴이 긴 편인데, 약간 무서워 보인다.

성격

- 걸음이 빠르고 성격이 급하다.

- 부정적인 성격을 가진 경우가 많으며 따뜻한 사람은 못 된다.

이러한 상은 크게 되거나 힘들게 사는 등, 극과 극이다. 공직에 있느냐 아니냐에 따라 그 능력이 달려 있다. 공식으로 가면 크게 되고 평범하게 산다면 성격 탓에 고생한다. 한편 인간관계가 불안하다.

45. 여우형(狐形)

외모

- 볼이 통통하다.

- 얼굴에 홍조가 있는데, 마치 술을 마신 것 같다.

- 허리가 가늘고 골반이 크며 요염하다.

성격

- 성격이 급한 편으로 성질이 못된 사람이 많다.

- 간사하고 교활하다.

이러한 상은 연예계나 화류계 중에 많고 건전치 못한 직업을 가진 사람 중에도 많다. 가까이하면 피해를 받을 수 있다.

46. 승냥이형(豺形)

외모

- 눈이 크며 눈썹이 짙고 털이 거칠며 굵다.

- 치아가 튼튼하고 턱은 뾰족한 편이다.

- 얼굴은 둥글고 머리는 네모졌다.

- 이마, 광대, 코, 턱이 울퉁불퉁하다.

성격

- 잔인하고 공격적이다.

- 다른 사람들과 무리를 지어 다닌다.

이러한 상은 경찰이나 군인으로 대성하거나 조직을 이끄는 사람이라면 그 조직의 우두머리가 된다. 성격은 다소 냉정하고 냉혹한 편인데, 혼자보다는 여러 사람이 함께하는 일에서 리더로서 일하면 좋다.

47. 성성이형(猩猩形)

외모

- 코가 들창코 형태를 하고 있으며 볼에 살이 없다.
- 머리카락이 부스스하다.
- 몸에 살이 많으며 팔은 길지만 다리는 팔만큼 길지 않다.

성격

- 재능이 많다.
- 솔직하고 성격이 급하다.

이러한 상은 기술직이나 힘쓰는 직업이 좋다. 남들이 하지 못하는 일을 해내기도 한다. 지혜로운 사람도 많아 건강한 신체를 가지고 학업을 훌륭히 이어가는 경우가 많다. 부동산업에도 이러한 상이 많다.

48. 토끼형(兎形)

외모

- 눈이 충혈되어 있다.

- 눈, 코, 입이 분명하며 귀가 길다.

- 얼굴과 이마는 작은데, 얼굴이 앞으로 볼록렌즈처럼 튀어나와 있다.

- 손발이 짧다.

성격

- 얌전하며 스트레스에 예민하다.

- 쉽게 피곤해하고 활동하는 것을 싫어해 일을 잘 하지 못한다.

- 다소 게으른 편이다.

이러한 상은 남녀를 불문하고 모두 성공할 수 있는 상인데, 주로 가족이나 다른 사람의 덕을 많이 받아 성공한다. 독립적이라기보다 주변에서 도와주는 상이다. 명예직에서 특히 유리하다.

49. 낙타형(駱駝形)

외모

- 눈썹이 굵고 이마가 넓다.

- 치아가 드러나 보인다.

- 목과 손발이 길며 털이 거칠다.

- 목소리가 크며 몸이 튼튼하다.

성격

- 행동거지가 느리고 말수가 적다.

이러한 상은 누군가를 보좌하는 일을 하는 데에 제격이다. 천성이 착하여 사람에게 피해 주는 것을 싫어하고 봉사하는 마음이 강하다. 사회봉사나 환경보호에서 두각을 보인다. 공무원으로도 좋다.

4장

관상궁합
실전

인생을 좌우하는 배우자운

관상에서 배우자 자리는 어디일까? 주로 눈 밑을 보는데 나의 경우 여자는 이마, 남자는 코를 중요시한다. 물론 다른 자리도 중요하다.

남자의 경우, 코가 유난히 크거나 작고 또는 흉이 크게 났다면 배우자에게 굉장히 좋지 않을 수 있다. 예전에 유난히 코가 큰 남자가 나를 찾아왔었다. 부부가 같이 사업을 했었는데 사업이 잘못되어 부인이 감옥에 갔었다고 했다. 이렇게 큰 사건 사고가 일어날 수 있다. 그렇다면 나쁜 배우자운을 피할 수는 없을까? '없다'라고 단정할 수는 없다. 결국 어떠한 형태로든 일어날 수밖에 없는 액운인 것 같다.

여성의 경우, 눈 밑과 이마가 매우 어두운 여성이 찾아왔었다. 그녀의 얼굴을 보자마자 나는 남편의 운이 너무 안 좋으니 남편에게 큰일이 생기거나 아니면 부부에게 매우 좋지 않은 일이 생길 거라고 말했다. 마침 그녀는 지금 남편에게 소송이 걸렸는데 그게 어찌될 것인지를 물어보려고 찾아왔다고 했다. 나는 조용히 결과가 안 좋을 것이라고 했다. 관상에서는 푸른색, 하얀색, 빨간색을 나쁜 색으로 본다. 특히 빨간색은 소송이나 감옥과 관련이 깊다. 그런데 그녀의 얼굴 남편 자리에 빨간색이 보였다. 물론 색깔이기 때문에 얼굴색은 언제든 변할 수 있다.

그렇다면 배우자 운이 좋아지려면 어떻게 해야 할까? 해당되는 부위 자체가 안 좋은 사람이라면 자신과 배우자가 그러한 위험에 노출되지 않도록 주의해야 하고, 색깔이 좋지 않다면 당장은 운세가 나쁘니 싸움을 피해야 한다. 싸울 수밖에 없는 상황이라면 전력을 다해서 이를 대비해야 한다. 여성의 경우 얼굴색이 어두우면 남편에게 우환이 닥치니 적절한 운동을 통해 마음의 짐을 내려놓고 편히 생각해야 한다. 그리고 얼굴에 흉터나 상처가 있다면 가급적 화장으로 덮거나 아니면 시술이나 수술을 통해 없애는 것을 권한다. 한편 와잠이라고 불리는 눈 밑 부분은 도톰해야 좋은데, 요즘 '애교살'이라 해서 이 부분에 시술을 하는 경우가 있다. 나쁜 부위의 시술은 좋지만 오히려 와잠 같은 배우자 자리에 상처를 남기면 나쁜 배우자를 만날 수 있다.

사례를 통해 배우자운에 대해 자세히 알아보도록 하자.

먼저 한 모녀의 사연이다. 모녀는 가장이 세상을 떠난 후 50억이라는 재산을 날리게 되었다. 때문에 경제적으로 상당히 어려워져 곤란한 지경에 이르렀다. 모녀의 얼굴을 보니 다시 돈을 모으려면 상당한 시간이 필요해 보였다.

모녀는 분명 부자의 상을 갖고 있었다. 그러니 부인의 경우 돈 많은 남편을 만나 꽤 많은 돈을 누리며 살았을 것이다. 그러나 시작은 부자였어도 서서히 부자의 운을 잃는 경우가 많다. 주로 위에서 아래로 향하는 관상이 그러하다. 부인은 코가 부자였으나 입은 아니었고, 딸은 귀가 부자였으나 이마가 아니었다. 나는 이렇게 답했다.

"집을 다시 일으키려면 시간이 오래 걸리니 당장은 마음을 내려놓으세요. 답답해도 당장 예전 같은 상황을 바라봐도 얻을 수 있는 것은 없습니다. 지금은 그렇게 되기 어려우니까요."

모녀는 내 말을 듣고 굉장히 실망한 눈치였다. 부인은 이후 포기하지 않고 딸을 부잣집에 시집을 보내려 한다고 했다. 내가 본 관상으로는 그런 일이 가능하지 않은데, 모녀가 너무 확고한 믿음을 가지고 있어 5년 뒤에 다시 찾아오라고 하고 상담을 끝냈다.

다음은 어느 부부의 사연이다. 남편 홀로 나를 찾아왔다. 부부는 조그마한 가게를 제법 큰 중견기업으로 성장시켰는데, 현재 갈라진 상태라고 말했다. 두 사람은 애정은 좋았지만 사업 파트너로서는 충돌이 불가피한 궁합을 갖고 있었다. 부부의 관상을 보니 남편은 리더의 상이 아니었고 아내는 리더의 상이었다. 때문에 부부 사이였을 때는 서로를 보완해 주는 관계였으나 사업이 커지면서 각자의 자질로 문제가 생겼던 것이다. 특히 남편은 사업체를 일구는 과정에서 아내에게 열등감을 가졌던 것 같다. 반면 아내는 자신만 믿고 남편을 배려하지 않다 보니 결국 회사가 한 방향으로 가지 못하고 두 방향으로 가고 말았다.

나를 찾아왔을 때는 부부가 이미 이혼한 후 재산분할 소송 중이었기 때문에 남편은 다시 합치는 것을 바라지는 않았다. 다만 누가 재판에서 이기고 질지를 궁금해했다. 나는 남편에게 당신이 재판에서 이기고 재산분할에서도 당신에게 재산이 많이 갈 것이라고 말했다. 그리고 부부 애정 궁합은 좋기 때문에 자식이 얽혀 있는 한 부부 궁합으로 돌아갈 수도 있지만, 끝까지 서로 물고 뜯는 관계로 끝날 것 같다고 덧붙였다.

또 다른 이야기로 스물하나에 원치 않게 아이를 갖게 된 여성이 있었다. 그녀는 아들을 낳았고 그녀 혼자 아이를 키우게 되었다. 그녀의 부모가 이혼을 한 탓에 그녀는 아버지하고 살고 있었다. 결국 아이는 할아버지 밑에서 자랐다. 여자는 아이를 낳고 그저 놀면서 시간을 보냈다.

아이를 혼자 키우기 힘들다는 그녀의·말에 나는 당신의 얼굴과 사주팔자를 보면 지금쯤 좋은 인연이 나타날 시기이니 행동을 단정히 하고 스스로를 잘 준비하고 있으라고 말했다. 때가 되어서인가? 그녀는 그간의 행동을 그만두며 한층 성숙해졌고, 실제로 자신과 자신의 아이를 이해해 주는 남자를 만나 결혼해서 둘째도 갖고 현재 잘 살고 있다고 한다.

이처럼 과거의 실수나 잘못이 있었다 하더라도 인생에는 언제나 기회가 열려 있고 실제로 그것이 손에 잡히기도 한다. 낙담하지 않고 때를 기다리는 자의 몫이겠지만 말이다.

연하남의 끝없는 구애로 결혼했던 부인의 경우도 생각난다. 선글라스를 끼고 있었는데 벗으니 눈가에 멍이 보였다. 부인은 연하의 남편이 술만 마시면 폭력을 일삼고 원치 않는 성행위를 강요한다고 했다. 헤어지려고만 하면 칼을 들고 협박하는데, 과연 남편과 헤어질 수 있는지를 물었다. 두 사람의 궁합을 보니 너무나 상극의 궁합이었다. 궁합도 궁합이지만 남편의 성향이 집착이 심하고 집요하여 아내를 쉽게 보내 줄 것 같지 않았다. 나는 부인에게 법의 도움이 필요해 보인다고 했다. 부인은 이미 경찰에 여러 차례 신고해 보았지만 부부인지라 경찰도 어떻게 해주지 못했다고 말했다. 당장 짐을 싸서 나가는 것이 좋아 보였지만 부부의 궁합으로는 이러지도 저러지도 못하는 상황이었다. 그녀 또한 집을 나와서 갈 데도 없고 그리고 싶지도 않다고 말했다. 그러고는 남편이 해외나 지방에 갈 수 있냐고 물었다. 나는 그런 것은 보이지 않으며 법에 호소하는 게 좋을 것 같다고 조언했다.

이 일을 하면서 사람들이 법의 보호를 받지 못하고 고통 받는 경우가 많음을 느낀다. 남편은 폭음과 폭력이란 요소를 모두 갖고 있는 사주팔자였다. 관상에서는 세모난 눈을 아주 흉하게 보는데 남편이 그러했다. 부인이 많이 걱정되었지만 달리 도와줄 방법이 없어 안타까웠다.

아들 하나 둔 직장인 여성도 그러했다. 그녀의 관상과 사주를 보니 남편 때문에 고생을 많이 할 팔자였다. 그 점을 이야기하니 실제로 남편 때문에 고생이 많은데, 이것이 자신의 운명인지 아니면 남편과 궁합이 맞지 않는 건지 물었다. 남편은 평소에는 순한 양이지만 술만 먹으면 폭력적인 사람이 되었다. 실제로 폭력을 행사하기까지 했다. 부인은 남편의 살기를 느끼고 두렵다고 말했다. 아들 역시 두려움을 느끼는 건 마찬가지라고 했다. 이혼하고 싶지만 남편이 이혼해 주지 않아 너무 힘들어했다. 남편은 경제적으로도 전혀 도움이 되지 못하고 부인이 벌어온 돈만 가져다 쓰고 있었다.

치아에 빈 곳이 많아 보이던 그녀는 사주팔자와 관상에 흉함을 모두 갖고 있었다. 나는 치아교정을 권했고 그녀는 아직까지 하지 않은 것으로 알고 있다. 물론 남편 문제도 아직 해결되지 않았다. 계속 고통을 반복해서 겪고 있는 상황이다. 부인이 내게 만약 궁합이 좋은 사람을 만났더라면 이런 일을 겪지 않을 수 있었겠냐고 물은 적이 있다. 나는 지금의 남편 같은 사람을 만나는 것이 부인의 운명이라고 생각했지만 차마 그녀에게 그렇게 말하지 못했다.

아직 결혼을 하지 않은 여성의 경우는 결혼으로 불행해지기 전에 누군가가 개입할 수 있는 여지가 남아 있다. 한 여성이 나를 찾아와 결혼을 염두에 둔 벤처사업가 남자친구의 사진을 보여 준 적이 있다. 사진 속 남자의 얼굴은 반듯해 보였으나 눈매는 그렇지 않았다. 오히려 이미 이혼을 하고 아이가 있을 것 같았다. 그녀에게 물으니 그렇다고 답했다. 그녀는 남자친구가 학벌도 좋고 인물도 번듯해 보이는데 한 번 결혼했던 게 마음에 걸려 찾아왔다고 했다. 나는 여전히 남자의 눈이 마음이 걸렸다. 도덕성에 문제가 있어 보였기 때문이다. 그래서 그녀에게 신중히 생각해 보라고 조언했다.

그녀는 이후 그 남자를 만나면서 나름 뒷조사를 한 것 같았다. 나를 다시 찾아와서 하는 말이 그 사람과 결혼하지 않기를 정말 잘했다는 것이었다. 친형수의 여동생을 사귀다 버리기도 했으며 이혼의 사유도 다른 여자와의 바람 때문이었다. 여자 욕심이 많고 성욕이 강했으며 도덕성이 없는 사람이었다. 외모와 학벌만으로 사람을 판단하는 것이 얼마나 잘못된 것인가를 알 수 있는 사례였다. 나는 그 남자는 분명 사업도 실패할 테니 더 이상 관심을 갖지 말라고 말했다. 이후 그녀는 다른 사람과 결혼하여 잘 살고 있었는데, 얼마 전 나를 찾아와 정말 그 남자의 사업이 망했다고 신기해했다.

마지막으로 부정적인 성격을 가진 남편이 고민인 아내의 사연을 소개하겠다. 결혼 생활을 오래한 탓인지 아내 또한 남편의 성격에 영향을 받은 것 같았다. 부부의 궁합은 관상만으로 봤을 때는 좋지 않았다. 아내는 호리호리하고 좋은 몸매였지만 뼈가 약간 드러났으며, 남자는 입꼬리가 처지고 웃음기 없는 마른 체형이었다.

부부는 아이도 있고 각자 가정에 책임을 다했지만 부부 관계는 그리 좋지 않았다. 나는 부부에게 2년 내에 흉한 일이 올 수 있으니 주의하라고 했다. 그 사이 남편의 회사가 워크아웃이 되어 회사는 다니고 있지만 언제 어떻게 될지 모르는 상황이었다. 두 사람의 궁합을 보았을 때 남편이 직업을 잃으면 부부 사이가 위험해 보였다. 때문에 그것을 우회적으로 경고한 것인데, 이니나 다를까 1년 뒤 부인이 다시 찾아와 이혼하기로 했다고 말했다. 나는 달리 해줄 말이 없었다. 여태까지 산 거도 잘 산 것이었기 때문이었다. 나는 그저 결정은 부인이 내리겠지만 아이가 있으니 기왕 떠나더라도 잘 될 때 떠나는 것이 어떻겠냐고 권유했다.

부부 사이는 궁합이 좋지 않다면 시작하지 않는 편이 바람직하다. 그러나 개선 가능성이 보이고 나쁜 궁합을 보완할 수 있다면 헤어지는 것부터 생각하지 않았으면 한다. 위의 사례에는 개선이 가능한 경우와 개선이 불가능한 경우가 있었다. 개선이 가능하다면 부부 생활을 유지하면서 극복하는 것이 좋으나 불가능하다면 과감한 결단을 내리기를 바란다. 인생에서 가장 중요한 건 행복이다. 결혼 자체가 아니다.

호감형 얼굴의 비밀

사람들은 어떤 얼굴에 호감을 느낄까? 크게 두 가지로 나눌 수 있다. 첫 번째는 시각이다. 외모에서 사람들은 호감을 느낀다. 두 번째는 청각이다. 목소리 등을 통해서 호감을 느끼는 것이다. 관상에서도 마찬가지로 이 두 가지를 중요하게 본다. 그중에서도 외모보다는 목소리에 비중을 많이 둔다. 약 천년 전 고서에도 목소리 관상에 대한 것이 적혀 있다. 아주 오래전부터 호감을 얻기 위해 목소리를 우선했다는 증거이다. 고서의 내용 중 하나를 예를 들겠다.

사람의 목소리가 종이나 북의 울림과 같다.

(夫人之有聲, 如鐘鼓之響)

그릇이 크다면 목소리가 웅장하고, 그릇이 작다면 목소리의 울림이 짧다.

(器大則聲宏, 器小則聲短)

즉, 말끝에 진동이 있어야 좋다. 예를 들어 개그맨 박명수 씨의 경우, 관상으로 보면 흉이 보이는 상이다. 하지만 목소리는 울림이 있어 방송에서도 목소리를 이용해 성공할 수 있었다. 얼굴보다 목소리가 좀 더 앞선 경우라고 할 수 있다.

그렇다면 어떤 목소리가 좋으며 사람들에게 호감을 주는 것일까? 그릇이 크고 귀한 사람의 목소리는 단전으로부터 나오고, 귀하지 않은 사람의 목소리는 목에서만 나온다. 목소리는 분명히 끝내는 소리, 즉 끝이 꺾이거나 끄는 것보다 분명하게 끊어지는 것이 좋다. 몸은 큰데 목소리가 작으면 호감도가 떨어진다. 반대로 몸은 작은데 목소리가 울린다면 아주 좋다고 본다. 또한 높이가 일정할수록 좋다.

예전부터 관상에서는 남자가 여자의 목소리를 갖고 있으면 가난하다고 보았다. 이것은 더 이상 현대사회에 맞지 않다. 가수나 배우 중에서 미성의 목소리를 가지고도 성공한 사람이 많기 때문이다. 그럼에도 조심스럽게 가난하지는 않지만 호감을 얻기는 힘들지 않을까 추측해 본다. 보통 남자는 힘이 들어간 목소리, 여자는 힘이 빠진 목소리가 좋다. 남녀 모두 울림이 있는 목소리가 좋은데, 특히 여자는 가늘지만 울림이 있는 목소리가 좋다. 좋은 목소리가 따로 있어 이렇게 말하는 것이지만 얼굴 관상뿐만 아니라 목소리 관상도 노력으로 극복할 수 있다.

한편 사람의 목소리도 오행으로 구분할 수 있는데, 오행의 특성에 가까울수록 좋은 목소리이다. 먼저 목木의 기운을 가진 목소리는 울림이 깊다. 이 목소리는 깊은 곳, 즉 단전에서 나오는 듯한 느낌이 난다. 화火의 기운을 가진 목소리는 빠르지만 울림이 있다. 토土의 기운을 가진 목소리는 항아리가 울리는 듯 중후하다. 금金의 기운을 가진 목소리는 쇳소리 느낌이 난다. 쇠가 긁히는 듯 카랑카랑하다. 수水의 기운을 가진 목소리는 원만하면서도 부드러운 느낌이 강하다. 이처럼 오행에 부합하는 소리는 형태만 약간씩 다를 뿐 대체로 울림이 있다. 이러한 목소리는 사람들의 호감을 얻을 수 있다.

얼굴로 넘어와서 호감형의 얼굴은 어떤 얼굴일까? 앞서 말했듯이 모양의 좋고 나쁨과 관계없이 어느 한 부위가 너무 크거나 작으면 좋지 않다. 또한 눈, 코, 입을 기준으로 봤을 때 입이 큰데 눈과 코가 유난히 작거나, 눈이 큰데 코와 입이 유난히 작다면 호감도가 약한 얼굴이라 할 수 있다. 균형과 조화가 가장 중요하다. 목소리와 얼굴도 조화로워야 한다.

이마가 길고 턱이 크며, 좌우 이목구비가 반듯한 것이 호감형의 상이다. 또한 눈동자가 반짝이고 총기가 있으며 눈썹이 가지런하면 호감을 준다. 외모가 잘생겼는지 못생겼는지는 관계없다. 그리고 호감형의 상은 얼굴에 흉터가 없어야 하는데, 이는 매우 중요하다. 아무리 반듯하게 생겼더라도 흉터가 있으면 호감을 얻지 못하기 때문이다.

관상에서는 호감을 얻는 아름다운 상을 10가지로 정해 놓았다.
첫째, 손바닥이 솜처럼 부드러우며 눈이 맑고 고요하다. 또한 자신의 입에 들어갈 정도의 주먹을 가지고 있다. 주먹의 크기는 심장의 크기와 같기 때문에 주먹이 크면 심장도 그만큼 크다. 관상에서는 이 경우 피가 빨리 도는 사람이라고 보았다.

둘째, 몸의 살결이 맑고 깨끗한 사람을 아름답다고 본다.

셋째, 몸은 마르고 머리는 둥근 것이다. 이 경우에는 머리가 크고 작은 게 아니라, 두상이 예쁜 모양을 말한다. 예를 들면, 배우 윤은혜 씨가 이렇다. 두상이 동그랗고, 헤어스타일에 따라서 얼굴이 달라 보인다. 이목구비가 아니라 이런 이유 때문에 미가 돋보이는 것이다.

넷째, 귀 뒤에 살이 볼록한 것을 아름다운 상이라고 본다. 목과 귀가 연결되는 부위, 머리와 목이 연결되는 부위가 도톰한 것을 말한다. 이러한 상을 가진 사람은 부자이기도 하다. 예를 들면, 배우 심은하, 견미리 씨가 이에 해당한다.

다섯째, 남녀 모두 생식기에서 향기로운 냄새가 나고 빛깔이 고운 것을 아름답다고 본다.

여섯째, 몸과 얼굴은 검은 반면 손바닥이 흰 것이다.

일곱째, 눈과 눈동자가 맑으며 입술이 붉은 것이다.

여덟째, 몸집이 작고 목소리는 낭랑하고 맑으면 아름답다고 본다.

아홉째, 밤에도 밝게 빛나는 눈빛을 가진 사람이다.

열째, 스무 살보다 어린 나이에 맑고 깨끗한 수염이 나는 것이다.

또한, 귀하고 호감이 가는 10가지 맑음이 있다.

첫째, 목소리의 울림이다. 처음에는 작은 듯하지만 뒤로 갈수록 울림이 커지는 것이 좋다. 오행 중 목성木星은 높지만 끊기지 않아야 하고, 화성火星은 건조하고 빠른 듯하지만 온화한 느낌이 나야 한다. 금성金星은 쇳소리는 나지만 깨끗한 느낌이어야 한다.

둘째, 모발이 부드럽고 약간 가느다란 것을 호감 가는 맑음이라고 본다.

셋째, 치아가 깨끗해야 한다.

넷째, 손바닥이 붉고 깨끗한 것이다. 손가락이 곱고 긴 것도 해당된다.

다섯째, 귀가 희거나 붉은빛을 띤 것이 좋다.

여섯째, 머리카락이 맑고 윤택한 것이다.

일곱째, 구레나룻이 귀까지만 나 있는지를 본다. 남녀 모두 해당된다.

여덟째, 몸은 말랐지만 혈기가 윤택하고 뼈가 드러나지 않으면 귀한 사람이라고 본다. 예를 들면 유시민 전前 장관이 그러하다. 말랐으나 힘이 있고 눈이 빛난다.

아홉째, 마른 사람이 젖꼭지가 단단한 것이다.

열째, 배꼽이 깊으면 맑은 사람이라고 본다.

이 중 두세 가지 이상에 해당된다면, 호감 가는 사람이라 할 수 있다.

명예를 얻는 관상

　미래에 내가 명예를 얻을지를 어떻게 알 수 있을까? 오악과 오관을 구분해 보면 바로 알 수 있다. 관상에서는 이마, 양쪽 광대, 코, 턱 등 오악이 골고루 높고 서로 마주 보는 듯한 느낌이 난다면 명예를 얻는다고 보았다. 오관五官은 귀채청관(采聽官), 눈썹보수관(保壽官), 눈감찰관(監察官), 코심변관(審辨官), 입출납관(出納官)을 의미한다. 이 부분이 잘생겼다면 성공하여 명예를 얻을 수 있다. 오관이 좋은 상은 실패를 겪을 확률이 적다. 설사 실패한다 해도 훗날 크게 성공한다.

　관상을 보면 가까운 미래에 운이 트여 명예를 얻게 될지를 알 수 있다. 코끝이나 미간이 밝아진다면 곧 운이 트일 징조이다. 또한 오랫동안 곤경에 빠졌던 사람이 공부를 하고 싶어지고 눈이 반짝인다면 좋은 운을 만나게 된다. 평소에 알고 지내기 힘들 만큼 유명하거나 높은 위치에 있는 사람을 만나는 것 또한 그러하다. 유명 가수 콘서트에 갔을 때, 가수가 손을 잡아 주는 경우도 포함된다. 목소리의 울림이 좋아지거나 혈색이 밝아지는 것 또한 긍정적인 징조로 본다.

관상에서는 명예로운 사람의 10가지 상을 정해 놓았다.

첫째, 정수리가 평평해야 한다. 평평하다는 것은 정수리 부분이 볼록 튀어나와서 뾰족한 느낌이 나지 않는 것을 말한다. 거기에 두상은 둥글둥글하고 큼지막한 것이 좋다. 예를 들면 도올 김용옥 교수가 이런 상이다.

둘째, 귀가 단단하다. 귀가 크지만 흐물흐물하면 명예를 얻기 어렵다. 귀가 크고 단단하면 아주 좋다. 특히 귓바퀴가 단단해야 한다.

셋째, 어깨가 처지지 않고 높아야 좋다. 예를 들어 이건희 회장을 보면 키는 작지만 어깨가 높은 상이다. 옷 매무새가 좋지 않더라도 어깨가 높은 사람은 명예를 얻는다.

넷째, 광대뼈가 나온 것이다. 여성보다는 주로 남성에 해당되지만, 남녀를 막론하고 광대가 나오면 귀한 상으로 본다. 단, 여성의 경우 명예는 얻으나 가정이 순탄치 않을 수 있다.

다섯째, 눈의 모양이 좋고 눈동자가 맑아야 한다. 눈이 맑다는 것은 눈동자를 통해 구분된다. 즉, 눈동자가 충혈되지 않고 깨끗하며 선명한 것을 맑다고 본다. 눈의 모양에 대해서는 개인적으로 쌍꺼풀 수술로 눈매를 또렷하게 만드는 것을 좋게 생각한다. 그러나 관상에서 눈이 차지하는 비중이 높기에 자칫하다 눈이 얼굴과 조화를 이루지 못하면 오히려 해가 되니 무조건 수술하는 것은 좋지 않다.

여섯째, 입술이 빨간 것이 좋다. 붉은 입술을 가졌다면 귀한 사람이다.

일곱째, 치아가 넓고 크며 많아야 한다.

여덟째, 허리가 둥근 것이 좋다. 허리가 너무 가녀리고 잘록하게 들어간 것보다는 배와 허리에 살집이 있는 편을 좋게 본다.

아홉째, 손가락이 길어야 한다.

열째, 머리카락에 윤기가 있고 건강한 것이다.

이것이 귀하고 명예로운 사람의 10가지 특성이다. 이 중 7~8가지에 해당된다면 명예를 얻는 상이라 할 수 있다.

학생이라면 학업운이 곧 명예와 직결된다고 할 수 있다. 이것으로 나를 찾는 학부모가 많은데, 한 학부모가 딸을 민족사관고등학교에 보내고 싶다며 찾아온 적이 있었다. 반에서 2~3등을 할 정도로 공부를 잘하지만, 합격하기에는 약간 부족한 성적이었다. 나는 딸의 관상과 사주를 보고 7월부터 성적이 급상승할 것이니 민족사관고등학교에 지원해도 좋다고 조언했다. 딸의 미간이 유독 밝았기 때문이다. 학업운을 보기에 미간만큼 좋은 자리가 없다. 미간의 경우, 빛이 나고 색이 밝으면 좋다. 실제로 그 학생은 여름부터 성적이 올랐고, 결국 민족사관고등학교에 합격했다.

한편, 명예는 남자들이 특히 관심 있어 하는 부분이다. 남자의 경우 목소리가 크고 피부가 탄력 있으면서 뼈와 살이 튼튼한 것을 명예롭고 귀한 상으로 본다. 은색의 수염을 가진 사람도 명예롭다. 얼굴이 희고 맑은 느낌에 눈동자가 빛난다면 이 또한 좋다. 눈썹은 눈보다 긴 것이 좋다. 턱이 크고 코가 튼튼한 것도 명예로운 남자의 상이다. 여기에 절도 있고 큰 보폭을 두고 걷는 사람이 좋다. 몸집이 크고 머리가 둥글다면 이 또한 명예롭다. 여기에 허리는 두껍고 튼튼해야 한다. 대표적으로 중국의 시진핑 주석이 이에 해당한다. 그를 보면 단순히 살이 찐 게 아니라 몸집이 크고 허리가 튼튼하다는 느낌이 든다.

요새 명예와 성공을 위해 나를 찾는 남성이 부쩍 늘었다. 창현(가명) 씨도 같은 경우이다.

창현 씨는 40대 초반의 나이에 국가기관에서 근무하며 큰 부동산을 가지고 있었다. 좋은 학벌에 돈도 많이 벌고 직업도 좋아 모든 것을 다 가진 듯한 그도 앞날이 고민이라고 했다. 그는 남을 누르는 일을 하도록 타고났고, 국가기관에서 그에 맞는 일을 하고 있었다. 주로 장관이나 정치인을 누르는 일이었다. 그는 가지고 있는 부동산을 키울지, 명예를 지키면서 현재 직장에서 더 높은 자리로 올라갈지, 창업으로 새로운 도전을 할지를 고민했다.

창현 씨의 관상은 명예로운 남성상에 가까웠다. 눈썹만 좀 더 짙다면 큰 인물이 될 관상이었다. 때문에 나는 이렇게 말했다.

"창현 씨는 어차피 남을 누르는 일을 해야 합니다. 현재 하는 일로 자신의 타고난 기운을 풀고 있죠. 일종의 액땜풀이입니다. 어차피 땅으로 돈을 벌 상이기 때문에, 부동산을 운영하는 것은 좋습니다. 하지만 창업은 별로 추천해 드리고 싶지 않네요."

창현 씨가 고개를 끄덕이는 모습을 보고 나는 몇 마디 덧붙였다.

"창현 씨는 명예로운 관상을 갖고 있는데, 여기에 눈썹만 좀 더 짙다면 더 큰 인물이 될 수 있습니다. 눈썹을 조금 더 짙게 해서 현재 하는 일로 성공하는 것이 나을 것 같네요. 비리를 저지르지 않는 이상 더 큰 명예를 얻을 수 있습니다. 높은 자리에 오른다면 세금과 돈 관련해서만 조심하면 무난하게 명예를 유지할 수 있을 겁니다."

또한 "명예를 얻었다고 자만하지 않는다면 높은 자리에까지 올라갈 관상입니다"라고 덧붙였다. 지금도 자신을 위해 열심히 노력하고 있을 창현 씨의 성공을 바란다.

청담동 며느리는 어떤 얼굴?

관상에서 보는 귀한 여성의 상은 과연 무엇일까?

먼저 미간이 바르면 남편을 도와 집안이 크게 일으키는 아주 귀한 상으로 본다. 그리고 눈이 유독 예쁘게 생기고 맑은 느낌이 난다면 귀한 자식을 두게 된다. 다음으로 길면서 살집이 있는 코(현담비)를 가졌으면 부자가 될 수 있다. 또한 얼굴이 둥글면서 반듯한 느낌이 난다면 여성으로서 귀한 얼굴이다. 여자의 피부와 얼굴이 너무 예쁘고 깨끗하면 오히려 관상에서는 고독하다고 본다. 봉황의 눈(쌍꺼풀 없이 긴 눈) 또한 귀한 얼굴로 본다. 보통 눈썹은 가지런하고 동그란 모양보다는 가늘고 긴 것을 좋게 본다. 신체로는 엉덩이와 등에 살집이 있는 게 좋으며 가슴이 적당히 있고 배꼽은 깊어야 좋다. 머리카락을 포함해 몸에 난 털은 검으면 좋고 누러면 좋지 않다.

청담동 며느리상이 딱 어떻다고 규정할 수는 없지만, 청담동 며느리

관상궁합

들이 나를 찾아온 적은 많았다. 그들을 크게 두 가지 특징으로 나눌 수 있었다.

먼저, 누가 보아도 귀하게 생긴 사람이었다. '저 사람은 부잣집 며느리겠구나'라고 생각이 드는 반면, 부잣집 며느리 혹은 부자인 것이 별로 티가 나지 않는 사람도 있었다. 하지만 그들에게서 공통점을 발견할 수 있었다. 모두 눈이 반짝거리며 피부결이 좋았다. 또, 외모를 떠나 행동에 품위가 있었다. 상스러운 말을 하지 않으며, 행동이 단정하고 절도가 있었다. 그러면서 힘주어 무언가를 하려고 하지 않았다.

외모로는 이마뼈가 예쁘게 약간 나와 있고(시술 제외), 눈동자는 차분한 느낌으로 흔들림이 없었다. 그리고 광대가 옆으로 크지 않았다. 얼굴은 약간 넓은 사람도 많았다. 이 경우 해당 여성이 일을 하고 있었다. 또, 머리카락이 깨끗하고 건강했다. 눈의 흰자위 또한 깨끗했다. 코에 살이 좀 있었으나 뚱뚱해 보이지는 않았다. 턱이 단단한 여성도 있었고 턱이 얇은 여성도 있었는데, 턱이 단단한 경우는 키가 크고 몸의 골격이 굵었다. 반면 턱이 얇은 여성의 경우 체형도 호리호리했다. 체구가 작은 경우, 팔다리도 함께 작아 전체적인 비율이 맞았다. 키가 크고 쭉쭉 뻗은 듯한 체형인 사람도 있었는데, 이 경우에도 신체 비율이 잘 맞았다.

결론적으로 청담동 며느리들은 공통적으로 얼굴이 밝게 빛나고 이마가 예쁘고 눈이 반짝거렸으며, 말과 행동이 빠르거나 조급하지 않았다. 또한 일을 하는 여성은 뼈가 굵고, 그렇지 않은 경우 턱이 갸름하고 손이 고운 사람이 많았다. 무엇보다 청담동 며느리의 경우 앞서 언급한 오행의 관상에 일치하는 경우가 많았다.

돈을 많이 벌려면 어떻게 해야 할까? 결과를 잘 내야 한다. 그렇다면 결과를 내는 힘은 어디에서 나올까? 바로 자기 자신에서 나온다. 하기 싫지만 해야 한다든지, 남이 못 해내는 것을 한다든지 보편적으로 할 수 없는 무언가를 할 수 있어야 결과를 낼 수 있다. 이것이 드러나는 부위가 바로 눈과 턱이다. 실제로 두 부위가 돈과 연결된다. 그렇기 때문에 나를 찾아온 청담동 며느리들이 위와 같은 공통점을 가졌던 것이다.

또한, 돈을 벌 때 가장 중요한 것은 사람을 끌어들이는 힘이 있어야 한다는 것이다. 이것은 아무래도 외적 요인에 기인하는 바가 크다. 물론 그다음에는 실제로 실력을 갖추어야 한다. 돈은 기대심리에 걸맞은 이미지와 그 이미지를 실현해 줄 힘과 능력, 이 두 가지가 갖추어졌을 때 자연히 따라온다.

코만 크다고 부자상일까?

흔히 코가 크면 부자의 상이라고 한다. 결론부터 말하자면 이는 사실이 아니다. 코는 오악이 받쳐 주었을 때만 부자로서 의미가 있다. 오악은 앞서 말한 대로 얼굴에 솟아 있는 5개의 봉우리를 말한다. 첫째 이마, 둘째와 셋째는 양 광대, 넷째 턱, 다섯째 코 이렇게 얼굴에 솟아난 다섯 부위가 코를 잘 감싸 안고 있어야만 부자의 상이라고 할 수 있다. 때문에 다른 부분이 주저앉은 채 코만 발달되어 있다면 자신의 아집으로 매사에 일을 그르칠 수 있다. 다만, 사람들을 상대하거나 그들과 같이 일하는 경우라면 반드시 패하지만, 혼자서 할 수 있는 일이라면 돈을 만질 수도 있다.

그렇다면 어떤 코가 부자의 코일까?

기본적으로 코뼈가 튼튼하고 코에 살집이 있어야 한다. 코뼈만 튼튼하고 살이 없으면 메마른 산과 같아 고생만 하고 돈을 벌지 못한다. 코에 살만 있고 코뼈가 튼튼하지 않아 흐물흐물하다면 탐욕으로 돈을 크게 날릴 수 있다. 그래서 코만 크다고 부자가 될 수 없다고 한 것이다. 만일 코가 큰데 계산을 잘하고 자립심이 강하다면 금융업에 종사하는 것도 좋다. 이 때문인지 코가 큰 사람 중에 일찍부터 금융업에서 일하고 있는 경우가 유난히 많다.

한편 코가 큰데 오악이 무너진 경우, 귀가 크고 잘생겼다면 고생은 좀 하더라도 훗날 부자는 될 수 있다. 오악이 무너졌지만 코와 귀가 크고 특히 코가 잘생겼다면 이 경우에도 고생을 겪지만 부자가 될 수 있다. 그만큼 부자가 되는 데 있어서 코와 귀가 중요하다. 핵심은 코뿐만 아니라 다른 부위가 코를 잘 받쳐 주는지, 특히 귀의 모양이 코의 모양과 어우러지는지를 보는 것이다.

이와 관련해 40대부터 부자가 된 한 여성의 이야기를 전하겠다. 그녀는 전형적인 금金형의 체형을 타고났다. 금金형의 체형이란 살이 많지 않고 피부가 얇고 하얀 편으로 애교가 없지만 결단력이 뛰어나며 충성심이 강하다. 오래된 단골손님인 그녀는 마흔 전까지 경제적으로 좋지 않았다. 그러던 그녀가 마흔이 되자 회사에서 재무 담당으로 일하면서 배운 노하우를 바탕으로 그동안 모아 둔 돈을 투자했다. 그녀의 눈은 마흔이 넘으면서 광채가 나고 번쩍였는데, 아니나 다를까 큰 돈이 들어오기 시작했다.

현재 그녀는 지천명을 앞두고 있다. 그녀의 재산은 오피스텔 여러 채, 청남동의 집과 땅, 현금성 자산 등이다. 이렇게 돈이 불어난 것은 그녀가 투자를 시작하고 약 3년 후부터였다. 즉, 마흔셋부터 급격히 재산이 늘었는데, 관상으로만 보면 그녀는 그 정도의 부를 거머쥘 상은 아니었다. 그녀가 부를 누릴 수 있었던 것은 빠른 결단력과 실행력, 그리고 여기저기 뛰어다니며 발품을 들인 노력 덕분이었다. 개인적으로 돈을 허투루 쓰지 않는 근검절약정신도 한몫했다고 생각한다. 또한, 마음 씀씀이도 좋아 현재 혼자 살고 있지만 가족을 생각하고 특히 조카에게는 경제적인 후원자로서 도움을 주고 있는 게 영향을 끼친 게 아닐까 싶다.

그녀의 성공 비결이 무엇이냐고 물으면 나는 이목구비가 아닌 눈빛이라고 답하겠다. 다른 부위들은 부자가 될 만한 부위가 아니었다. 그런데 그녀의 눈빛은 범상치 않게 반짝였다. 눈빛이 변한 후부터 그녀는 큰돈을 만졌다. 오랫동안 관상을 봐왔지만 목표하는 바가 눈빛으로 드러났을 때 얼마나 큰 위력을 발휘하는지 새삼 깨닫게 되었다. 마음을 다잡았기에 그녀의 눈빛은 잠깐 나타났다가 사라지지 않고 계속 반짝였다.

이처럼 부자가 되는 데에는 관상과 더불어 노력하는 자세가 필요하다. 관상과 노력이 합쳐질 때 얼마나 큰 힘이 나오는지 알 수 있는 사례였다.

좋은 점, 나쁜 점

관상에서 점은 보통 2가지로 구분한다. 얼굴에 난 점인지, 얼굴이 아닌 부위에 난 점인지다. 얼굴에 난 점은 흉하게 보고, 몸에 난 점은 좋게 본다. 특히 손바닥과 발바닥의 점은 부자의 점이라고 말한다. 얼굴의 경우 튀어나온 점과 튀어나오지 않은 점을 나눈다. 튀어나온 점은 더 흉하다고 본다. 그러나 직업에 따라 어떤 점은 좋게 보기도 한다.

입에 점이 있으면 연예인이나 음식과 관련된 직업이 좋다. 혀에 점이 있으면 흉한 것으로 보는데, 이 경우 쓸데없는 말을 많이 한다고 한다. 코에 검은 점이 많으면 일이 잘 안 된다. 얼굴 중앙에 나 있는 점은 흉하게 보지만 머리 속에 난 점은 굉장히 귀한 점으로 본다. 주로 재물과 명예복이 있다고 알려져 있다.

이 때문인지 점을 빼는 것을 묻는 경우가 많았다. 예전에 술집에서 일하던 이가씨가 찾아와 이 일을 그만하고 싶다고 한 적이 있었다. 그녀는 돈도 많이 벌었을뿐더러 이 생활을 더 이상 원하지 않는다고 말했다. 나는 그녀에게 입 옆에 있는 점을 빼보라고 권했다. 실제로 그녀는 점을 뺀 뒤 그 일을 과감히 그만두고 현재 의류숍을 운영하고 있다.

이처럼 점 또한 관상에서 중요하게 보는 부분이니 자신의 점을 한 번 유심히 관찰해 보는 게 어떨까 한다. 사소한 것에서도 좋은 관상과 나쁜 관상이 갈리기 마련이다.

손이 주는 힌트

나는 관상 상담을 할 때 반드시 그 사람의 손을 살피는 편이다. 이유는 사람의 오행을 정확히 아는 데 손이 꽤 유용하기 때문이다. 손도 얼굴이나 몸에 맞게 생긴 것이 좋은데, 직업에 있어서는 몸이 직업과 어울리지 않더라도 손이 직업과 맞는다면 성공할 수 있다.

여기서는 손이 어떻게 생겨야 좋은 것인지 살펴보도록 하겠다.

먼저 손이 허리 아래까지 길게 내려오면 좋다고 본다. 체격은 큰데 손이 작으면 복이 없다. 체격은 작은데 손이 크면 복이 많고 부유하다.

섬세하면서 긴 손가락을 가졌다면 총명하고 빼어나다. 의사나 예술가, 문장가 등에 많이 보이는 손이다. 손가락이 짧고 뼈가 튀어나온 듯한 손은 기술직 등에 좋다. 손에서 악취가 나면 일이 잘 풀리지 않으니 주의해야 한다. 손가락에 살은 없고 마디만 굵으면 복이 없다. 손가락 10개가 모두 가늘고 부드러우면 지식을 이용한 직업을 갖는다. 여성의 손이 대나무처럼 튼튼하며 길게 뻗어 있으면 복이 많다고 본다.

손바닥이 길고 두툼하면 귀하게 되고, 짧고 얇으면 고생한다. 손바닥이 윤택하면 부유하지만 마르고 거칠면 가난하게 산다. 한편, 손바닥 중앙에 검은 점이 있는 사람은 지혜롭고 부유하다. 손바닥의 가장자리가 두툼하고 살이 많으며 가운데가 들어가 있다면 부유한 손이다. 반대로 손바닥 가장자리가 얄팍하고 가운데도 평평하다면 재물이 흩어진다. 손바닥 가장자리에 주름이나 무늬가 어지럽게 있으면 어리석고 가난하게 산다.

한편 관상에서는 손바닥의 주름을 특히 주목한다. 손바닥의 주름은 분명하면서 가늘면 가장 좋고, 분명하지 않으면서 거칠면 좋지 않다. 주름이 실처럼 엉켜 있고 가늘어도 뚜렷하고 끊어지지 않으면 좋지만, 주름이 어지럽고 끊어져 있으면 좋지 않은 주름이다. 주름이 마치 쌀처럼 흩어져 있으면 좋은데, 이 경우 평생 즐거운 일이 많이 생긴다.

일반적으로 사람에게는 손바닥에 3개의 주름이 있다. 그중 제일 위에 있는 주름은 하늘에 해당하는 것으로 이것으로 사람의 귀천이 정해진다. 가운데 주름은 인간에 대한 것으로 현명함이나 부유함의 여부를 판단한다. 제일 아래 주름은 땅에 해당하며 아랫사람이나 어머니를 보는 곳으로 수명을 판단하기도 한다. 이 3개의 주름이 깨끗하고 결함이 없어야 복이 많다. 위에서 순서대로 천문天紋, 인문人紋, 지문地紋이다.

손등에서 엄지손가락이 시작되는 부분에 가로로 있는 주름을 '공곡문空谷紋'이라고 하는데, 이 주름이 있으면 어디를 가든 재물이 들어

와 부자가 된다. 끊기지 않고 손목을 감아 도는 주름을 '옥천문玉釧紋'
이라 하는데, 이런 주름을 갖고 있는 사람은 대부분 인품이 훌륭하다.
옥천문이 1~2개 있으면 영화롭게 살고 3개 이상 있으면 나라에서 일
하는데, 남녀 모두 동일하게 적용된다. 옥천문은 원래 손목을 싸고 돌
아야 하는데 만일 그렇지 않고 끊어졌다면 해당 작용은 일어나지 않
는다.

또한 관상에서는 주름의 무늬도 본다. 손바닥에 엽전 같은 무늬가
있으면 돈과 관련된 쪽으로 나아가게 된다. 거북이등 같은 무늬가 있
으면 장군이나 재상이 된다. 정자井字 무늬는 복이 있고, 십자十字 무
늬는 나라로부터 월급을 받게 된다. 이하의 주름은 다음과 같다.

1. 사계문(四季紋)

사계절에 맞는 생왕상극으로 길흉한다(推四詩生旺相剋
以定吉凶)

봄은 청색, 여름은 적색, 가을은 백색을 띠어야 좋고 흑
색은 겨울에 좋다. 봄에 백색, 여름에 흑색, 가을에 적
색, 그리고 겨울에 황색을 띠면 흉하다.

2. 배상문(拜相紋)

거문고 같은 주름으로 옛날 장량의 손금이 이러했다(基文 如琴者 昔張良有此之紋)

배상문은 옥을 두른 거문고 같은 무늬를 말한다. 장량張 良은 한나라 때 유방의 뛰어난 책사였다. 배상문을 지닌 사람은 인자하고 문장이 뛰어나 늘 윗사람의 깊은 총애 와 사랑을 받는다.

3. 대인문(帶印紋)

몸에 인장을 지니는 공무원이 된다(主身帶爲太師)

손바닥에 도장 무늬가 있다. 몸에 도장을 지녔다는 의 미로 보통 직급이 높은 공무원에게 많이 보인다. 부귀를 얻고 이름을 널리 날리게 된다.

4. 병부문(兵符紋)

나가면 장수, 들어오면 관직을 얻으며 옛날 진평의 손금이 이러했다(出將入相者 昔陳平有之)

병부문은 장수와 재상의 무늬를 말한다. 진평陳平은 한 나라 통일에 공을 세운 인물이다. 손바닥 중앙에 병부 문이 있으면 일찍 과거에 급제하여 오랫동안 관직에 머 무른다.

5. 금화인문(金花印紋)

남자는 지역을 다스리는 사람, 여자는 큰 부인이 된다(主男人封候女夫人)

금화인의 무늬가 있으면 부를 쥐고 살게 된다. 남녀 모두 높은 자리에 오른다.

6. 안진문(鴈陳紋)

이러한 문양을 조아문이라고도 한다(惑身文生者 又名朝衙文)

조아문朝衙紋은 기러기 떼가 줄을 맞추어 날아가는 것 같다고 해서 붙여졌다. 이 무늬를 가진 사람은 이름을 널리 알리게 된다.

7. 쌍어문(雙魚紋)

쌍어가 학당에 있으면 일생 관직에서 일하고 문장이 뛰어나다(雙魚居放學堂中 冠世文章顯祖宗)

학당學堂은 손 부위 중 명당으로 엄지의 시작 부분을 말한다. 쌍어문이 있으면 일생 관을 쓰고 나라와 관련된 글을 쓰게 된다. 무늬가 천정天庭(엄지와 중지 사이의 부위)을 지니 붉고 윤택히면 반드시 고위직에 오른다.

관상궁합

8. 육화문(六花紋)

하인을 두고 늙을 때까지 경사가 많다(六花爲侍從之 聯慶來晚景)

육화문이 있다면 언젠가 최고 상관의 은혜를 입게 되고 사람이 따르는 높은 관리가 된다. 늙을수록 경사스러운 일이 많이 생긴다.

9. 현어문(懸魚紋)

문장이 뛰어나 과거에 급제한다(文章立身登科)

물고기를 달아 놓은 듯한 문양이 온전하게 학당 가까이에 있으면 소년 시절부터 부가 따른다. 뛰어난 문장력으로 단 한 번에 등용문에 오르고 높은 관직에 올라 말 위에서 옥으로 된 채찍을 잡는다.

10. 사직문(四直紋)

중년에 부귀하다(中年富貴)

4개의 곧은 주름이 있으면 이름을 날릴 수 있다. 중년에는 부귀하며 윤택한 홍색이면 더욱 좋아 훗날 제후에 봉해진다.

11. 독조문(獨朝紋)

조랑의 상이며 화홀 무늬(희미한 가죽 무늬처럼 생긴 문양)까지 있으면 귀하다(曹郞之相 更有靴笏紋主貴)

조랑曹郞은 조선 시대 때 육조六曹의 정랑과 좌랑을 통틀어 이른 말로 높은 벼슬자리로 보면 된다. 독조문이 있으면 관운官運이 좋아 어려운 일도 잘 해결되고 중년에 반드시 승진한다.

12. 천인문(天印紋)

건위, 진위에 있으면 나라에서 일할 상이다(生乾位震位 爲從之相)

진위震位란 손바닥 아래쪽 언덕처럼 솟은 윗부분을 말하고, 건위乾位는 언덕 반대 부위를 이른다. 천인문이 건위와 진위에 있으면 문장과 재주가 있어 저절로 영화로워진다. 관리가 되면 평탄하고, 평범한 사람이라면 재물이 집안에 가득하다.

13. 보훈문(寶暈紋)

제후에 봉해지고 부귀해진다(封候富貴)

보훈문은 달무리 같은 기이한 형태로 손바닥 중앙에 동그란 고리 같이 단정하게 있으면 좋다. 이 경우 제후에 봉해지고 부귀해진다. 돈을 버는 일로 나가면 반드시 성

관상궁합

공한다.

14. 삼일문(三日紋)

벼슬을 한다(名冠儒宗)

삼일문이 손바닥 중앙에 깨끗하게 있으면 소년 시절부터 문장으로 명예를 얻게 된다. 훗날 벼슬을 얻는다.

15. 금구문(金龜紋)

명궁에 있어도 부귀하고, 2줄이 있어도 역시 좋다(在命宮主富貴, 雙行在宅亦好)

명궁命宮은 인당印堂이라고도 하며 두 눈썹 사이를 말한다. 금구문의 경우 거북이 등껍질 같은 문양이 선명하면 수명이 100세를 넘고 금은보화를 얻는다. 이러한 사람의 경우 얼굴이 온화해 보이는 편이다.

16. 고부문(高扶紋)

붉고 윤택하면 부귀한다(紅潤富貴)

손이 붉고 윤택하면 능력이 많고 이때부터 일생 동안 부귀해진다.

17. 옥주문(玉柱紋)

중년에 발달한다(中年發達)

옥주문은 손바닥 중앙에 선이 손바닥 끝까지 굵게 뻗은 것으로 중년에 발달한다. 이런 사람은 담력과 지혜가 있어 총명하다.

18. 삼기문(三奇紋)

학당에 있으면 과거에 급제한다(更有學堂科名及第)

1개의 줄이 3개의 줄로 갈라진 무늬이다. 삼기문이 있으면 과거에 급제하여 훗날 재상에 이른다.

19. 필진문(筆陳紋)

과거에 급제한다(登科)

필진문은 여러 줄을 가진 주름을 말한다. 문장과 덕행이 뛰어나 중년에 과거에 급제하여 뜻한 바를 얻는다. 복이 많고 수명이 길다.

20. 입신문(立身紋)

가운데 도장 무늬가 있다(上中帶手印紋)

입신문은 손바닥 가운데 도장 무늬가 있는 것이다. 풍모가 당당하고 기세가 훌륭하다. 반드시 영화롭고 귀하게 되어 벼슬에 이른다.

21. 옥정문(玉井紋)

조정을 보좌한다(佐理朝網)

정자井字 무늬가 1개 있으면 복과 덕이 있고, 2~3개 겹쳐 있으면 '옥체'라 한다. 이러한 사람은 맑고 귀하게 되며 조정에 출입하며 왕을 보필하게 된다.

22. 삼봉문(三峯紋)

부귀하다(主富貴)

삼봉문은 대추 같이 튀어나와 동그랗고 살이 볼록한 부분을 이른다. 광택이 있고 윤택한 홍색까지 띠었다면 집안에 재물이 가득하다.

23. 미록문(美祿紋)

평생 편안하다(一生安樂)

미록문은 세모 같은 무늬를 말한다. 기울어진 세모가 가로로 있으면 저절로 복이 풍족해지고 사방에 이름을 날린다. 또한 평생 안락하게 산다.

24. 학당문(學堂紋)

재주가 많다(多才幹)

학당문은 서로 약간 떨어져 있는 것이 좋다. 맑고 귀한 가운데 복이 따르며 재주가 많다.

가늘면 귀하다(細者貴)

무늬 사이가 좁더라도 부처의 눈처럼 절도가 있으면 문장이 훌륭하다. 학당문이 넓으면 대범하고 일 처리가 뛰어나다. 시험에 합격하여 이름을 널리 날린다.

25. 차륜문(車輪紋)

대귀하다(主大貴)

차륜문이 수레바퀴 같이 둥글면 반드시 왕을 모시고, 무늬가 더욱 온전하면 널리 이름을 떨치는 신하가 된다. 대단히 귀한 무늬이다.

26. 복후문(福厚紋)

재물이 따른다(主財喜)

복후문이 손바닥을 향해 있으면 평생 나쁜 일이 없고 재물이 따른다. 가난한 이를 불쌍히 여겨 베풀기를 좋아해 덕을 많이 쌓아 수명이 길어진다.

27. 이학문(異學紋)

승려나 도사가 된다(主爲僧道)

이학문이 있으면 남다른 행동을 한다. 명성이 있고 귀인의 흠모를 오랫동안 받는다. 승려나 도사가 되어 다른 이름을 얻고, 속세로 돌아와도 부유해진다.

28. 소귀문(小貴紋)

의식이 풍족하다(衣食足)

세로로 된 선은 관록은 없지만 약간의 재물은 있다. 붉고 윤택하고 부드러우면 승도라도 반드시 권세가 있다. 의식이 풍족하고 귀한 관직을 얻는다.

29. 천희문(天喜紋)

복이 많다(多福祿)

천희문은 옥주문처럼 손바닥 끝까지 선이 뻗어 있지만, 그 선이 얇다. 몸이 편안하고 하는 일마다 뜻대로 이루어진다.

30. 천자문(川字紋)

장수한다(主長壽)

다섯 손가락에 천자川字 문양이 있다. 이런 사람은 남녀 모두 장수한다.

31. 절계문(折桂紋)

영화가 있다(榮顯)

절계문은 재주가 뛰어나다. 글을 공부하는 사람이라면 큰 시험에 합격할 수 있다. 또한 존경받는 인물이 된다.

32. 삼재문(三才紋)

일생 번창한다(一生榮昌)

삼재문이 분명하면 평생 운이 좋아 삶이 편안하다. 수명과 재물 운이 모두 좋지만, 주름 가운데 하나라도 흠이 있다면 가족 간의 정이 없다.

33. 천금문(千金紋)

부귀가 쌍전한다(富貴雙全)

천금문은 선이 손가락을 향해 끝까지 가지 않고 중간에서 끝난다. 소년 시절부터 천금문이 곧게 뻗어 있다면 앞날이 부귀하다고 본다.

34. 이괘문(離卦紋)

영화롭고 귀하다(主榮貴)

이괘문이 어지럽게 있으면 고생이 많고, 손바닥 전체에 가득하면 힘들고 고독하게 산다. 대신 살이 두툼하면 영화로운 관직에 오른다.

35. 진괘문(震卦紋)

학당에 문양이 없으면 좋지 않다(學堂無紋不宜)

색이 밝고 깨끗하고 윤기가 나면 아들을 두게 된다. 문양이 가늘면 자식이 귀하고, 가운데 가로 지른 주름만 있으면 양자를 들이는 것이 좋다.

36. 은하문(銀河紋)

주로 자수성가한다(主自立)

은하가 천문에서 갈라져 있으면 반드시 아내에게 해로워 다시 결혼하게 된다. 주름이 어지럽고 끊어졌으면 자수성가한다.

37. 화개문(華蓋紋)

길하고 이롭다(吉利)

이 주름이 있으면 길하고 이롭고 덕이 있다. 설령 손바닥에 흉한 주름이 있어도 흉한 일을 당하지 않는다.

38. 문리문(文理紋)

부귀하다(富貴)

아내로 인해 풍요로워 재물을 얻는다. 정자井字 무늬가 있으면 자식으로 인해 관직을 얻게 된다.

39. 음덕문(陰德紋)

복이 있고 수명이 길다(福壽)

흉액이 들지 않으며 늘 덕을 쌓고 자비를 베푼다. 총명하여 글 읽기를 즐긴다.

40. 지혜문(智慧紋)

마음이 자비롭다(主心慈)

지혜문은 명성을 널리 떨치는 무늬로 본다. 무늬가 길고 곧으며 창을 뚫고 나간 듯하면 평생 남을 배려하며 마음이 깊다.

41. 산광문(山光紋)

승도가 되는 것이 좋다(宜僧道)

산광문이 있으면 맑고 한가롭다. 이 주름이 있는 사람은 승려나 도사가 되는 것이 가장 좋다. 그러나 한가한 사람은 대부분 고독하게 산다.

42. 주산문(住山紋)

승도의 상이다(主僧道)

손바닥에 빗금 친 듯한 문양이 있으면 주로 산에 산다. 담백한 것이나 즐거운 것을 좋아한다.

43. 은산문(隱山紋)

한가하고 고요하다(主閑靜)

은산문이 손바닥 중앙에 있으면 성격이 자비로워 인생이 편안하다. 담백하고 한가함을 좋아하고 번거로움을 싫어한다. 말년에는 도를 터득하여 서방(인도)으로 향한다.

44. 일야문(逸野紋)

그윽하고 한가함을 즐긴다(好幽閑)

일야문은 손가락에서부터 손바닥 가운데를 가로지르는 선을 말한다. 2개의 곧은 선이 손바닥 중앙에 있으면 담백하고 한가함을 즐긴다. 번잡하거나 남들이 참견하는 것을 싫어한다.

45. 색욕문(色慾紋)

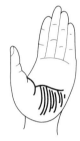

색을 좋아한다(好色)

색욕문은 어지럽게 자란 풀과 같다. 평생 풍류를 즐기고 색을 탐한다. 나이가 아흔이 되어도 젊은 사람처럼 행동하려 한다.

46. 난화문(亂花紋)

색을 탐한다(好貪花)

손목 쪽으로 꽃이 어지럽게 핀 것 같다. 천성적으로 화려함을 즐기며, 아름다움에만 관심이 있을 뿐 집안을 돌보지 않는다.

47. 색로문(色勞紋)

욕심이 많다(好欲)

버들잎이나 물이 흐르는 것 같다. 화류계를 누비며 세월
을 보낸다. 색을 탐하다가 중년이 되면 이 때문에 병을
얻는다.

48. 화주문(花酒紋)

술과 색을 좋아한다(好酒色)

화주문은 손바닥 중앙을 향해 있다. 평생 술과 여자에
취해 살며 저축을 하지 않고, 지닐 곳이 없을 만큼 낭비
가 심하다. 어린 여자에게 욕심을 낸다.

49. 도화문(桃花紋)

풍류를 즐긴다(好風流)

도화문이 있으면 사치스럽고 화려한 것, 특히 술과 여자
를 좋아한다. 중년에는 가정이 위태롭다.

음란하다(主淫亂)

또한, 도화문이 있으면 화류계를 주로 드나든다. 나이가
늘어도 날라지지 않는다.

50. 화류문(花柳紋)

사랑에 대한 욕심이 많다(愛慾)

화류문이 있으면 평생 풍류를 즐기고 술과 여자에 취해 환락만을 탐한다. 밤에는 환락에 취해 다음날 대낮이 되어야 겨우 일어난다.

51. 원앙문(鴛鴦紋)

음란함을 좋아한다(戀淫)

원앙문이 있으면 주로 음란하다. 끊임없이 주색을 밝히고 남자의 경우에는 어린 여자를 좋아한다. 늙어도 젊은 여자와 정을 나누려 한다.

52. 화채문(花釵紋)

색을 몹시 좋아한다(主色重)

화채문이 있으면 남들이 보이지 않는 곳에서 색을 즐긴다.

53. 투화문(偸花紋)

여자와 술을 좋아한다(好花酒)

투화문이 있는 사람은 여자를 좋아하고 평생 남의 여자
를 욕심낸다.

54. 어문(魚紋)

깨끗하고 절개가 있다(主淸節)

처궁에 물고기 문양이 있다. 절개가 있는 아내를 만난
다. 그러나 어문에 흠이 있으면 오히려 어리석은 아내를
만난다.

55. 화개문(華蓋紋)

아내로 인해 재물을 얻는다(主妻財)

처궁에 화개문이 덮여 있으면 아내로 인해 재물을 얻는다.

관상궁합

56. 조천문(朝天紋)

아내가 음란하다(主妻淫)

아내가 음란하고 부모를 욕되게 한다. 또한 색을 탐하고 도리가 바르지 못해 가문을 어지럽힌다.

57. 노복문(奴僕紋)

아내가 음란하다(主妻淫)

아내의 마음이 바르지 못하여 부정을 저지른다.

58. 생지문(生枝紋)

아내가 교활하다(主妻滑)

처궁에 나뭇가지 모양의 주름이 있으면 교활한 아내를 얻는다.

59. 처첩문(妻妾紋)

아내가 음란하다(主淫妻)

처문이 노복궁으로 들어간 것으로, 이 경우 아내가 외도

하려는 마음을 갖는다.

60. 일중문(一重紋)

고독하다(主孤獨)

일중문이 있으면 주로 결혼을 하지 못하고 고독하게 산다.

만일 처궁에 2개나 4개의 일중문이 보이면 후손이 있다.

61. 극부문(剋父紋)

아버지를 극한다(刑剋)

극부문이 있으면 어려서 아버지를 잃어 의지할 곳이 없다.

62. 극모문(尅母紋)

극한다(尅剋)

자식과 떨어져 살게 된다.

63. 과수문(過隨紋)

어머니를 따라간다(主隨母)

어려서 믿을 곳(아버지를 의미하기도 함)이 없어도 슬퍼하지 않

는다. 어머니가 재혼할 수 있으며 그 어머니를 따라간다.

64. 탐심문(貪心紋)

마음이 일정하기 어렵다(心難定)

욕심이 많고 편한 것만 좋아할 뿐 깊이가 없다.

65. 월각문(月角紋)

부인의 재물이 따른다(初陰財)

평생 부인의 재물을 얻는다. 좋은 일에도 늘 조심해야
하며, 손바닥의 색에 변화가 없어야 소송이나 나라로부
터 해를 당하지 않는다.

66. 망신문(亡神紋)

신의가 없다(無信義)

가로로 곧게 있는 것이 망신문인데, 이것이 있으면 가산
이 깨지고 가족을 해롭게 한다. 어느 곳에서건 남들과
어울리는 데 어려워한다. 건강을 조심해야 한다.

67. 겁살문(劫煞紋)

형제를 해롭게 한다(放骨肉)

이 주름이 있으면 이루는 것도 많고 패하는 경우도 많
다. 초년과 중년이 좋지 않고 말년에는 뜻한 바를 얻는다.

68. 삼살문(三煞紋)

아내와 자식를 해롭게 한다(放妻子)

아내와 자식을 해롭게 한다. 가족과 안 좋아진 후에도 삼살문이 엷게 있다면 중년이 되어도 고독하게 산다.

69. 주작문(朱雀紋)

관의 형살이 있다(主官刑)

이 주름이 손바닥 중앙을 향해 올라가 있으면 평생 나라로부터 시달림을 받는다. 법을 어길 수 있으니 주의해야 한다. 주작문이 양쪽으로 갈라진 경우가 가장 나쁘다.

5장

행복한 삶에
관하여

큰 그릇은 늦게 찬다

사람의 얼굴을 보면 크게 될 사람인지 아닌지를 알 수 있다. 크게 된다는 것은 근본적으로 리더를 말한다. 리더의 상은 얼굴이 크고, 넓다. 키와 골격이 함께 크면 좋지만, 키는 작아도 골격이 다부지면 나쁘지 않다. 이런 사람들 중에 말이 느리고 행동이 책임감이 있으며 신뢰를 중요시하고 사람에게 믿음을 주는 사람들이 있다. 이런 사람들이 뜻을 크게 품으면 훗날 큰 인물이 된다. 예를 들면, 김두관 전前 경남지사가 있다. 이런 상이 큰 그릇이 늦게 찬 상이라고 할 수 있다. 정치를 모르기에 더 이상의 말을 하기 어렵지만, 일반인 중 훗날 크게 되는 상에는 부합한다.

그리고 학자의 상이 있다. 주로 체형이 마르고 손가락이 가늘고 길며, 반짝이는 눈빛을 가지고 있는 사람이 해당된다. 대표적으로 유시민 전前 장관이 있다. 이런 상도 어릴 적 체형이 작아 리더로 보이진 않아도 훗날 큰 그릇이 될 상이라고 말할 수 있다.

만약 여러분들이 이런 상을 가지고 있다면 훗날 리더가 될 수 있는 사람이라고 생각해도 좋다. 손발이 두툼하고 부지런한 성향이라면 돈으로 크게 성공할 수 있다. 이런 상을 가진 사람들은 어릴 적부터 비록 고생을 많이 하더라도 저축만 잘 해두면 반드시 기회가 온다. 그 기회를 잡아 큰 부자가 될 수 있다.

현실이 고통스럽더라도 포기하지 않으면 관상은 답을 준다.

이름에 답이 있다

아무리 노력해도 운이 풀리지 않는다면 다른 방법을 모색해 보는 것도 좋다.

어느 날, 한 부인과 그녀의 아들딸이 찾아온 적이 있었다. 부인은 얼굴이 화사하고 표정 또한 밝았지만 암을 선고받은 상태였다. 다른 부위로 전이 가능성이 있는 심각한 상황이었다. 부인은 아들과 딸의 이름을 바꾸어 주려 했다. 몇 가지 이유가 있었는데, 첫째는 암이 유전 가능성이 있어 자식이 걸릴까 우려했다. 둘째는 아들과 딸이 모두 취직을 하지 못해 이름을 바꾸면 조금이나마 상황이 나아지지 않을까 하는 이유에서였다.

작명이나 개명에는 몇 가지 원칙이 있다. 먼저 음양오행이 맞아 이름에 오행의 상생작용이 보여야 한다. 또한 이름의 음양이 맞아야 한다. 그리고 사주보완을 한다. 사주보완이란 사주의 부족한 기운을 이름으로 메울 수 있는지 보는 것이다. 그다음으로는 한자의 뜻이 좋아야 한다. 수리(획수)를 보는 사람도 있지만 개인적으로 수리오행은 맞지 않아 취급하지 않는 편이다.

이를 토대로 아들과 딸의 이름을 작명해 주었다. 세 사람은 밝은 모습으로 작명한 이름을 받았다. 부인은 나가기 전 아이들에게 무언가를 해주고 싶다고 말했다. 나는 부인의 얼굴을 보고 아직까지는 혈색도 좋고 몸도 마르지 않았으니 당장 자식들에게 뭔가 해주려 하지 말라고 당부했다. 그리고 7년쯤 뒤에 운이 오는 시기에 맞추어서 어떤 일을 하면 좋을지 준비해 보라고 조언했다. 이후 두 달이 지난 쯤에 잘 지내고 있다는 연락이 왔다.

보통 개명의 의뢰를 받아 작업을 하다 보면, 많은 사람들이 자신의 이름을 바꿈으로써 새롭게 태어나길 기대한다. 나 역시 스승 중 한 분에게 안준범이라는 이름을 받아 새롭게 살고 있다. 물론 행운이 찾아온다고 해서 전적으로 이름을 바꾼 탓이라고 생각할 수는 없다. 하지만 원하지 않는 어떤 상황에 계속 놓여 있다면 이름을 바꿔서 자신의 마음뿐만 아니라 많은 것들에 좋은 영향을 기대해 보는 것은 어떨까 한다.

심상이 관상보다 우선이다

마음이 얼굴을 만든다는 말이 있다. 하지만 거꾸로 얼굴이 마음을 만들기도 한다. 성격이 행동을 끌어내기도 하지만 보이는 얼굴이 어떤 성격을 만들고 그 성격으로 행동할 수 있기 때문에 다를 바 없다고 생각한다. 물론 절대적이지는 않다. 핵심은 얼굴이 나쁜 성격을 만든다는 것이 아니다. 자신의 얼굴이 악상임을 알고 좋은 성격을 만들었다는 것이다. 즉, 마음가짐이 가장 중요하다는 이야기다.

법정스님의 얼굴을 관상에서 보면 광대가 옆으로 퍼졌고 이마가 젖혀지고 함몰되었다. 또한, 입술은 얇고 눈매가 찢어진 듯 올라가 있어 영락없는 악상이다. 그러나 그가 어떠한 삶을 살았는지는 우리는 잘 알고 있다. 무소유정신으로 철학적 메시지를 던졌으며 글은 또 얼마나 잘 썼는가? 또한 길상사吉祥寺라는 절은 얼마나 많은 사람들에게 영감을 줬는가?

이렇게 얼굴이 나쁘다 하더라도 내가 어떤 마음으로 어떤 행동을 하는지가 중요하다. 이것이 심상이 관상보다 중요하다고 말하는 이유이다. 개인적으로 법정스님이 스님이 되기까지 남모를 사연이 있었을 것이라 추측해 본다. 필시 인간적 고뇌가 있었을 것이고 관상을 보는 내 입장에서는 하고 싶은 말이 많다. 그러나 존경스러운 삶을 살아온 분이기에 일일이 얼굴로 부위를 따져가며 설명하고 싶지는 않다. 내가 보는 입장에서 관상은 두말할 필요가 없다.

백범 김구는 일찍이 과거급제를 하려 공부하였지만 벼슬을 사고파는 광경을 목격한 뒤 과거를 포기하고 관상을 공부하였다. 그렇게 공부하며 자신의 관상을 보니 영락없는 악상이 아닌가? 그때 김구 선생은 '관상불여심상觀相不如心相(관상은 마음의 상만 못하다)'이라는 글귀를 읽고, 그 말에 감명받아 '호심인好心人(마음이 좋은 사람)'을 좌우명으로 삼았다고 한다.

얼굴 좋음이 몸 좋음만 못하고(相好不如身好)
몸 좋음이 마음 좋음만 못하다(身好不如心好)

삶은 고되었고 그의 관상대로 물질적으로 얻은 것은 없었지만, 과연 그의 인생을 나쁘다고 말할 수 있을까?

거꾸로 아주 편안하고 좋은 얼굴을 가졌음에도 느닷없이 들려온 나쁜 소식은 얼마나 많았는가? 눈은 마음의 창이라 한다. 관상에서도

70퍼센트는 눈이 중요하다고 말한다. 그만큼 눈이 중요한 부위인 것은 관상에서도 마음 자세를 중요시했다는 것을 의미한다. 나쁜 얼굴이라도 마음을 어떻게 먹느냐에 따라 운명이 달라진다. 얼굴은 마음 하기에 달렸다.

웃으면 복이 와요

복을 정의한다면 대략 세 가지 형태의 복이 있다고 생각한다.

첫째 하늘에서 주는 복, 둘째 내가 가진 것에서 일어나는 복, 마지막은 사람으로부터 오는 복이다.

하늘에서 주는 복이란 어떤 부모 밑에서 태어나는가, 어떤 나라에서 태어나는가 등, 주로 내가 선택할 수 없는 영역이다. 피치 못할 문제이기 때문에 이 복을 받은 사람은 감사해하고, 복을 받지 못한 사람은 부러워하기보다 다른 복에 희망을 걸어 보는 게 좋다.

내가 가진 것에서 일어나는 복은 재능 같은 한 분야를 깊게 파는데서 얻어지는 성과를 말한다. 이것은 타고나는 것도 있겠지만 대부분 후천적으로 얻어진다. 노력과 끈기, 집중 등 개인의 계발에 의해 만들어진다고 보는 것이다. 어찌 보면 우리가 살면서 가장 정직하게 얻을 수 있는 복이 아닐까 싶다.

마지막은 사람으로부터 얻는 복인데, 나는 이것을 웃음이라고 생각한다. 즉, 웃으면 복이 오는 것이다.

우리는 사회적 동물이며, 많은 사람들과 깊든 얕든 접촉하며 살아간다. 이러한 인연 속에서 웃음은 분명 사람들과 관계를 좋게 형성하는 데 도움이 된다. 그러나 역술적인 관점에서 볼 때 이 말을 전적으로 동감하긴 어렵다.

예를 들어보자. 어떤 사람이 기분이 안 좋은데 그와 좋은 관계를 만들려고 웃으며 밝게 대하는 것이 과연 좋게 작용할까? 오히려 부작용이 되지는 않을까? 웃으면 복이 온다고 해서 고통 받는 사람 앞에서 크게 웃을 수 있을까? 또, 역술에서는 여성이 웃음이 많으면 정이 많아 남자를 꼬이게 하고, 그로 인해 배우자가 힘들어한다고 본다. 이건 어떻게 할 것인가? 애인이 내가 아닌 다른 이성에게 웃음을 보이며 친절하다면 질투가 나지 않겠는가?

미소는 언제든 좋은 관계를 만들 수 있는 마법을 불러오지만 웃음은 그렇지 않다. 그래서 웃으면 항상 복이 온다기보다 사람을 대할 때 적절히 웃음을 써야 복이 온다고 생각한다. 적당한 미소는 복까지는 아니더라도 항시 손해 볼 것이 없다.

부록

간단히 보는 관상 기술

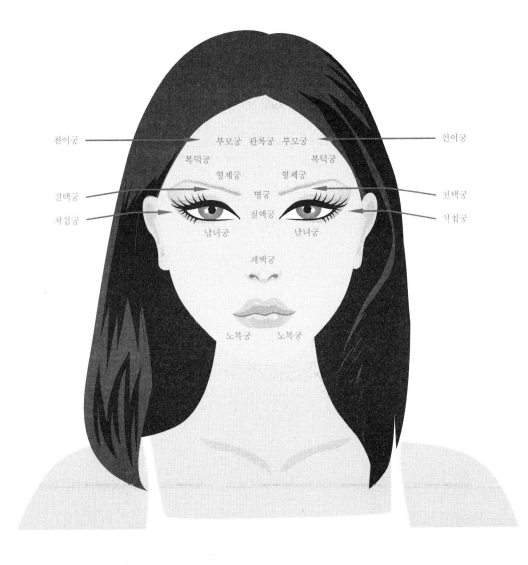

관상궁합

1. 명궁(命宮)

명궁은 두 눈썹 사이에 있으며 가장 중요한 부위다. 이 부위에는 상처가 없어야 좋다. 특히 공부로 성공하려는 사람은 이 부위에 흉터가 없고 깨끗하고 빛이 나야 한다. 명궁이 좋으면 복과 장수도 누리게 된다. 이 부분이 움푹 꺼지거나 깊이 함몰되어 있으면 반드시 빈한하게 되고, 두 눈썹이 명궁을 침범해 서로 붙은 듯하거나, 서로 겹친 듯하다면 좋지 않다.

2. 재백궁(財帛宮)

재성財星으로 그 부위가 토성土星이다. 천창과 지고地庫(아래턱 양 옆), 양쪽 콧방울, 콧구멍, 콧구멍 입구 등이 모두 재백궁에 속하며 이 부분이 풍만하고 밝고 살이 있으면 재물이 있다. 그러나 뼈만 있어 보이면 재물이 없다. 코끝에 살이 있고, 잘 솟아 있다면 일생 동안 부귀를 누리게 된다. 또한 반듯하게 생겨야 한다. 옆으로 삐뚤삐뚤한 것은 좋지 않다.

3. 형제궁(兄弟宮)

형제궁은 두 눈썹을 말한다. 눈썹이 길고 눈썹에 털이 예쁘게 나면 형제가 화목하고 형제끼리 서로 도움을 많이 주고받는 사이가 된다. 눈썹이 흩어지고 어지러우면 형제와 불화를 겪거나 안 좋은 일이 생기게 된다. 특히 눈썹이 끊기고, 한쪽은 길고 한쪽이 짧다면 흉한 눈썹이라고 말한다. 눈썹이 안 좋다면 형제를 제일 주의해야 한다.

4. 전택궁(田宅宮)

전택은 눈두덩이를 말한다. 부동산운을 보는 자리이기도 하다. 때문에 이 자리가 넓으면 부동산 복이 좋다. 집안이 부자인 사람이 많다.

5. 남녀궁(男女宮)

남녀궁은 눈 아래 있는 살이다. 흔히 '애교살'이라고 말하는 자리이다. 이 자리가 좋으면 자녀를 많이 가질 수 있는데, 옛날에는 자녀를 많이 낳는 것을 연애운이 좋다고 보았다. 때문에 이 자리는 자식을 보는 자리이기도 하다. 이 자리가 예쁘면 이성에게 인기도 많은데, 요즘 성형수술로 이 부분에 시술을 하는 경우를 많다. 그다지 효과가 있어 보이지는 않는다. 오히려 남녀궁을 과하게 부풀리는 것을 삼가야 한다.

6. 노복궁(奴僕宮)

노복궁은 턱을 말한다. 둥글고 강해 보이는 턱이 좋은데, 주로 이 자리가 강하고 단단하면 부하 직원을 많이 거느리거나 사람을 부리는 일을 많이 할 수 있다. 하지만 이 부분에 살이 너무 많으면 탐욕스럽고 배려심이 부족하며 인성에 문제가 있는 경우가 많다. 주로 인간관계를 보는 자리다.

7. 처첩궁(妻妾宮)

처첩궁은 눈의 양쪽 끝을 말한다. 눈가에 주름진 자리로 보면 된다. 이 자리에 주름이 많으면 재혼할 수 있다고 본다. 바람기를 볼 때도 중요하다. 물론 연예인 안성기 씨를 보면 이 부분에 주름이 많지만 눈이 온화하고 기품이 있다. 때문에 이 자리에 주름이 있다고 해서 바람기가 있는 사람으로 단정해서는 안 된다. 이 자리가 얼굴과 조화를 잘 이루었다면 배우자를 아끼고 사랑하는 사람일 수 있다.

8. 질액궁(疾厄宮)

코가 시작되는 부위부터 콧등까지를 이른다. 주로 건강을 본다. 메마르고 약하면 병에 잘 걸리고 몸이 아파 고생을 많이 한다. 그러나 단단하면 병치레를 잘 하지 않는다. 질액궁의 색깔도 유심히 봐야 한다. 이 부분의 색깔이 탁하면 좋지 않을 수 있다.

9. 천이궁(遷移宮)

천이궁은 이마의 가장자리를 말한다. 이 자리가 살집이 있고 잘 솟아 있으면 명예를 얻고 높은 관직을 가질 수 있다. 해외나 지방으로 많이 움직이기도 한다. 주로 군인이나 해외에 관련된 직업을 갖는 사람이 많다. 알리바바그룹 회장 마윈의 경우가 이 부분이 좋은 관상이라고 할 수 있다.

10. 관록궁(官祿宮)

관록궁은 이마 중앙을 말한다. 이 부분이 좋으면 부와 명예가 따를 수 있다. 특히 눈까지 좋다면 귀한 사람이다. 아이디어가 많고 실행력이 뛰어난데, 이 자리가 약간 튀어나와 있고 좋다면 사업으로 크게 성공한다.

11. 복덕궁(福德宮)

복덕궁은 눈썹의 양 가장자리 윗부분을 말한다. 이 자리가 좋으면 활동력이 많고, 특히 이 부위가 발달하면 재물복이 아주 좋다. 주로 이 부분으로 재물을 살핀다. 특히 상속을 볼 때도 좋은데, 꺼진 것보다는 살집이 있고 앞으로 나온 것이 좋다.

12. 부모궁(父母宮)

부모궁은 눈동자의 윗부분에서 이어진 이마 부위를 말한다. 이 부분이 흉하거나 꺼지면 부모 자리가 좋지 않다. 일찍 부모를 여의거나 부모가 이혼하는 경우가 많다. 특히 한쪽은 나오고, 다른 한쪽은 들어가면 흉함이 더하다.

관상궁합